UMA APROXIMAÇÃO À TEORIA DOS SERVIÇOS PÚBLICOS

CONTRACORRENTE

LUIS JOSÉ BÉJAR RIVERA

UMA APROXIMAÇÃO À TEORIA DOS SERVIÇOS PÚBLICOS

São Paulo

2016

CONTRACORRENTE

Copyright © **EDITORA CONTRACORRENTE**

Rua Dr. Cândido Espinheira, 560 | 3º andar
São Paulo – SP – Brasil | CEP 05004 000
www.editoracontracorrente.com.br
contato@editoracontracorrente.com.br

Editores

Camila Almeida Janela Valim
Gustavo Marinho de Carvalho
Rafael Valim

Conselho Editorial

Augusto Neves Dal Pozzo
(Pontifícia Universidade Católica de São Paulo – PUC/SP)

Daniel Wunder Hachem
(Universidade Federal do Paraná – UFPR)

Emerson Gabardo
(Universidade Federal do Paraná – UFPR)

Gilberto Bercovici
(Universidade de São Paulo – USP)

Heleno Taveira Torres
(Universidade de São Paulo – USP)

Jaime Rodríguez-Arana Muñoz
(Universidade de La Coruña – Espanha)

Pablo Ángel Gutiérrez Colantuono
(Universidade Nacional de Comahue – Argentina)

Pedro Serrano
(Pontifícia Universidade Católica de São Paulo – PUC/SP)

Silvio Luís Ferreira da Rocha
(Pontifícia Universidade Católica de São Paulo – PUC/SP)

Equipe editorial

Carolina Ressurreição (revisão)
Denise Dearo (design gráfico)
Mariela Santos Valim (capa)

Dados Internacionais de Catalogação na Publicação (CIP)
(Ficha Catalográfica elaborada pela Editora Contracorrente)

B365   BÉJAR RIVERA, Luis José.

Uma aproximação à teoria dos serviços públicos | Luis José Béjar Rivera; Tradução da Editora Contracorrente – São Paulo: Editora Contracorrente, 2016.

ISBN: 978-85-69220-10-7

Inclui bibliografia

1. Serviços Públicos. 2. Direito. 3. Direito Público. 4. Administração pública. 5. Políticas Públicas. I. Título.

CDU – 351.824.11

Impresso no Brasil
Printed in Brazil

sumário

PREFÁCIO 9

PREFÁCIO À EDIÇÃO BRASILEIRA – PROF. RAFAEL VALIM 15

INTRODUÇÃO 17

1. **BREVE DESENVOLVIMENTO HISTÓRICO** 27
2. **CONCEITO DE SERVIÇO PÚBLICO** 35
3. **CRITÉRIOS PARA CARACTERIZAR OS SERVIÇOS PÚBLICOS** 41
   - 3.1 CRITÉRIO ORGÂNICO 43
   - 3.2 CRITÉRIO FUNCIONAL 44
   - 3.3 CRITÉRIO JURÍDICO 46
4. **CARACTERÍSTICAS DISTINTIVAS DOS SERVIÇOS PÚBLICOS** 51
5. **PRINCÍPIOS NORTEADORES DOS SERVIÇOS PÚBLICOS** 55

5.1 PRINCÍPIO DA UNIVERSALIDADE 59
5.2 PRINCÍPIO DA UNIFORMIDADE 61
5.3 PRINCÍPIO DA CONTINUIDADE 63
5.4 PRINCÍPIO DA ADAPTABILIDADE 66
5.5 PRINCÍPIO DA LEGALIDADE 68
5.6 PRINCÍPIO DA OBRIGATORIEDADE 69
5.7 PRINCÍPIO DA PERMANÊNCIA 73
5.8 PRINCÍPIO DA GRATUIDADE 74

6. DIVISÃO E CLASSIFICAÇÃO DOS SERVIÇOS PÚBLICOS 81
  6.1 DIVISÃO DOS SERVIÇOS PÚBLICOS 81
  6.2 CLASSIFICAÇÃO DOS SERVIÇOS PÚBLICOS 86
    6.2.1 QUANTO ÀS CARACTERÍSTICAS DOS USUÁRIOS 87
    6.2.2 QUANTO AO EXERCÍCIO DA AUTORIDADE 87
    6.2.3 EM FUNÇÃO DE SEU APROVEITAMENTO 88
    6.2.4 EM FUNÇÃO DE SUA IMPORTÂNCIA 88
    6.2.5 QUANTO À NATUREZA DA NECESSIDADE 89

6.2.6 EM FUNÇÃO DE SUA COBRANÇA 91

6.2.7 EM FUNÇÃO DA CONCORRÊNCIA ECONÔMICA 91

6.2.8 QUANTO À TITULARIDADE OU JURISDIÇÃO DO SERVIÇO 92

6.2.9 EM FUNÇÃO DO PRESTADOR DO SERVIÇO 94

7. AS RELAÇÕES JURÍDICO-ADMINISTRATIVAS NA PRESTAÇÃO DOS SERVIÇOS PÚBLICOS 97

7.1 A CONCESSÃO DE SERVIÇOS PÚBLICOS 98

7.2 A RELAÇÃO JURÍDICO-ADMINISTRATIVA PRESTACIONAL: OS USUÁRIOS DO SERVIÇO PÚBLICO 109

7.2.1 O USUÁRIO 109

7.2.2 DIREITOS E OBRIGAÇÕES DO USUÁRIO 112

7.2.3 NATUREZA JURÍDICA DA RELAÇÃO PRESTACIONAL 113

7.2.3.1 TEORIA CONTRATUAL 113

7.2.3.2 TEORIA REGULAMENTAR 116

7.2.3.3 TEORIA MISTA 117

7.2.3.4 COMENTÁRIOS FINAIS 117
7.2.4 PREÇOS, TAXAS, TARIFAS E DIREITOS 118
7.2.4.1 O PREÇO E A TAXA 119
7.2.4.2 TARIFA 123
7.2.4.3 DIREITOS 124

REFERÊNCIAS BIBLIOGRÁFICAS 127

prefácio

Para nós, que de alguma forma estamos vinculados à universidade, é sempre uma satisfação apresentar um novo livro, mais ainda quando vem acompanhado de diversas causas que a reforçam. É o caso da monografia do doutor Luis José Béjar Rivera sobre serviço público que o leitor tem em mãos.

É uma satisfação, em primeiro lugar porque, como diretor da Faculdade de Direito da Universidade Panamericana, examinar uma obra que é fruto do trabalho acadêmico e da mais genuína pesquisa que diariamente é nele realizada, também implica constatar que o esforço rende frutos. Compreende – nos termos de Viktor Frankl – o vislumbre do sentido do trabalho cotidiano.

Até poucos anos atrás, na Faculdade de Direito não haviam sido estabelecidas linhas de pesquisa a respeito do Direito Administrativo com a abrangência que se tem hoje e também não se havia alcançado um nível de ensino como o que hoje é representado pelo programa de mestrado. Os grandes frutos, colhidos em poucos anos, são consequência da consolidação da comunidade acadêmica para a qual o autor tem contribuído de forma eficaz.

Em segundo lugar, é também uma satisfação pela necessidade que existe atualmente no Direito Administrativo mexicano de esclarecer e aprofundar um conceito da maior relevância na função do Estado como é o serviço público, que vem sendo questionado pelas transformações avassaladoras das últimas décadas. Hoje, o *Welfare State,* que atravessou as mais diversas crises de caráter econômico, encontra-se diante da necessidade de uma reformulação, motivada mais pela realidade que por decisão própria.

Em terceiro lugar, é uma satisfação e uma honra o convite que me foi feito pelo autor para prefaciar a obra porque se trata do ramo do Direito que mais me atrai e ao qual tenho dedicado os últimos anos de minha carreira docente.

Finalmente, um quarto motivo de satisfação – talvez o mais importante para mim – é o afeto que me une a Luis José, colega e amigo com quem tive a oportunidade de fortalecer a comunidade acadêmica da matéria pela qual nós temos interesse.

Sem dúvida, não pode haver progresso significativo no avanço dos saberes quando os acadêmicos trabalham na solidão de seus gabinetes, sendo que o verdadeiro saber universitário se potencializa através do diálogo e do intercâmbio de ideias e pontos de vista.

Da obra podem ser destacadas diversas contribuições que, do meu ponto de vista, estão relacionadas com as transformações que vem sofrendo o Estado nacional no mundo inteiro nas últimas décadas, bem como com alguns dos axiomas predominantes no ramo do Direito Administrativo.

Com efeito, se o Direito Administrativo como ramo autônomo é produto da Ilustração, a crise que vem emergindo desta última ao longo das últimas três décadas afeta de forma profunda sua concepção.

A ideia de um Estado organizado de forma sistêmica, codificada e nacional se depara atualmente com uma complexidade crescente que, nas palavras de Alejandro Llano, encontra-se em risco de transbordamento.[1]

De fato, o sistema administrativo começou a mostrar sinais de esgotamento em diversos âmbitos de sua atividade, como demonstra nos últimos tempos a já aparente insuficiência de recursos orçamentários

---

[1] *Cfr.* LLANO CIFUENTES, Alejandro. *La Nueva sensibilidad.* 2ª Ed. Madrid: Espasa-Calpe, 1989.

para a consecução de funções tão delicadas como a aposentadoria ou a manutenção de serviços públicos gratuitos, exigências do *Welfare State*. A crise da dívida pública sofrida nos tempos atuais pelas principais economias do mundo é uma amostra simbólica disso.

A resposta dada a esta problemática por vozes tão conceituadas como a de Niklas Luhmann ou Jürgen Habermas a respeito do incremento da complexidade, através de sistemas ainda mais complexos, leva a um encadeamento em que as exigências ao sistema tornam-se incontestáveis mediante os paradigmas existentes.[2]

Dessa forma, se há uma instituição que se encontra bem no centro desta mesma problemática, é precisamente a do serviço público, peça central do Direito Administrativo e cujo futuro em médio prazo carece de esclarecimento, haja vista a insuficiência do paradigma a partir do qual foi criada e desenvolvida.

Com efeito, os paradigmas sobre os quais se construiu o conceito de serviço público estão postos em juízo, se não em crise: a redução do Estado a um de seus componentes – o governo –, a redução do

---

[2] *Cfr.* LUHMANN, Niklas. *Sistemas sociales:* lineamientos para una teoría general. Madrid: Anthropos, 1998.

público ao meramente estatal e a responsabilidade monolítica do governo sobre os serviços públicos.

Atualmente, fica evidente que o aumento das necessidades dos cidadãos, que vivem cada vez mais anos, são mais educados e elevaram sua demanda de satisfações, requer serviços públicos mais sofisticados, com mais autossustento e, sobretudo, de responsabilidade compartilhada, posto que já não se pode esperar que o governo cubra todas as necessidades somente com suas próprias forças.

Embora tenham sido escritos rios de tinta sobre o serviço público, sua natureza e o papel fundamental que desempenha para as finalidades do Estado, a verdade é que hoje temos mais perguntas que respostas sobre sua natureza e seu futuro.

É por isso que a obra que o leitor tem em mãos possui grande importância, uma vez que a abordagem do autor parte de uma epistemologia principialista que naturalmente representa um ponto de ruptura na estrutura paradigmática que foi construída ao redor do serviço público.

Neste sentido, as respostas que podem ser encontradas a partir da postura do autor supõem a possibilidade de encontrar outras novas respostas, abertas à complexidade sem a necessidade de gerar sistemas mais complexos, representados pela regulamentação excessiva.

Bem-vinda, pois, a obra, o tema e a postura do autor, que ajudam a todos os interessados em avançar em uma matéria tão necessária quanto urgente. Meu beneplácito e parabéns àqueles que tenham a oportunidade de consultá-la.

Dr. José Antonio Lozano Díez
*Diretor da Faculdade de Direito
da Universidade Panamericana. México,
Distrito Federal, fevereiro de 2011.*

prefácio à edição brasileira

É com indisfarçável alegria que apresento à comunidade jurídica brasileira a obra "Uma aproximação à teoria dos serviços públicos", de autoria do destacado Professor da Universidade Panamericana (México), Luis José Béjar Rivera.

Tive a ventura de conhecer o Professor Luis José Béjar Rivera há alguns anos, em uma memorável viagem às lindíssimas províncias de Mendoza e San Juan, na Argentina, a convite de outro eminente administrativista, o Professor Oscar Cuadros. Desde então, mantemos permanente correspondência e intercâmbio intelectual.

A obra que o leitor ora tem em mãos é uma preciosa introdução a um tema central do Direito Público moderno. Como bem assinalou Léon Duguit, em seu clássico "Les transformations du Droit Public", na contemporaneidade, o fundamento do Direito Público não é a autoridade, senão que a organização e gestão dos serviços públicos. O Direito Público, ainda nas palavras do mestre de Bordeaux, converte-se no direito objetivo dos serviços públicos.

Ademais, em um contexto mundial de agudização da desigualdade social, cujos níveis atuais se equiparam à França de Victor Hugo e à Inglaterra de Charles Dickens, avulta a importância dos serviços públicos, os quais, na síntese primorosa de Ignacio Ramonet, "são o patrimônio dos que não têm patrimônio".

O Professor Luis José Béjar Rivera, atento a esta realidade, oferece-nos um rica iniciação ao tema dos serviços públicos, descortinando aspectos fundamentais desta categoria jurídica, tais como as relações jurídico-administrativas emergentes da prestação dos serviços públicos, os critérios caracterizadores dos serviços públicos e as classificações e princípios dos serviços públicos.

Resta augurar à obra o merecido êxito, a fim de que as lições nela contida sirvam a uma melhor compreensão do significado e da relevância dos serviços públicos no Brasil.

Rafael Valim
Professor de Direito Administrativo da Faculdade de Direito da PUC/SP

Introdução

Desde a origem do Direito Administrativo, um dos grandes temas a ser estudado por esta disciplina tem sido os serviços públicos.

Ao longo de seu desenvolvimento, os serviços públicos foram analisados de diferentes formas, que abarcam desde toda a atividade do Estado, como apenas parte da atividade do Estado ou, ainda, como função da Administração Pública e, em última instância, como atividade que satisfaz uma necessidade de caráter coletivo.

Aponta Andrés Serra Rojas:

> A administração pública é uma organização cuja atividade é dirigida à satisfação das necessidades coletivas, principalmente na forma de serviços públicos ou mediante ordens destinadas ao cumprimento dos fins do Estado (...).[3]

---

[3] SERRA ROJAS, Andrés. *Derecho Administrativo*: Primer Curso. 28ª Ed. México: Porrúa, 2009, p. 108.

Permitimo-nos, a título de introdução, citar uma frase atribuída a Sydney James Webb:

> (...) o prefeito (...) caminhará sobre a calçada municipal iluminada pelo gás do serviço municipal e limpada por varredores municipais com água municipal, e verá no relógio municipal do mercado municipal que ainda é cedo para buscar seus filhos que vêm da escola municipal, usará o serviço telegráfico nacional para lhes dizer que não venham pelo parque municipal, mas que peguem o bonde elétrico municipal para se encontrarem na sala de leitura municipal que está no edifício da galeria de arte, museu e biblioteca municipal, onde deseja consultar alguns livros, editados pelo Estado a fim de preparar seu próximo discurso no plenário na Prefeitura (...).[4]

Muitas são as perguntas que surgem com relação a este tema. Entretanto, a que consideramos fundamental é: como distinguir os serviços públicos das demais funções administrativas? Parafraseando o professor argentino Carlos F. Balbín:

> (...) Diz o convencional que o Estado deve garantir direitos e, para tal, é necessário que

---

[4] Citado por CASSESE, Sabino. *Las bases del Derecho Administrativo*. Traduzido por Luis Ortega. Madrid: Instituto Nacional de Administración Pública, 1994, pp. 124/125.

preste serviços materiais ou garanta sua prestação por terceiros. Neste sentido, argumentamos que o Estado em parte satisfaz direitos por meio de sua potestade de limitar ou restringir outros direitos; todavia, isso por si só não é suficiente, posto que ele deve assegurar o gozo de múltiplos direitos e fazê-lo de modo integral, sejam esses direitos individuais, sociais ou coletivos, com o objetivo de que cada qual possa escolher e materializar seu próprio plano de vida, de modo tal que se torna necessário e imprescindível que o Estado intervenha ativamente. Assim, o Estado deve, de um lado, regulamentar (...) e, do outro, realizar prestações positivas, ou seja, prestar serviços (...).[5]

Com este pequeno texto, pretendemos aproximar-nos à teoria dos serviços públicos, não com a intenção de realizar um estudo exaustivo a seu respeito, mas para mostrar ao leitor algumas de nossas ideias sobre tal teoria e, com isto, tentar contribuir de alguma maneira com os estudos relativos a este tema, escassos (embora brilhantes) no caso do México, e, sobretudo, superar uma simples remissão às normas vigentes em matéria de serviços públicos.

---

[5] BALBÍN, Carlos F. *Curso de Derecho Administrativo*. Tomo I, Buenos Aires: La Ley, 2008, p. 900.

Não negamos que este breve trabalho foi baseado no pensamento do professor decano do Direito Administrativo mexicano, Jorge Fernández Ruiz, a quem, com estas linhas, gostaríamos de render uma modesta homenagem a sua grande obra e pensamento.

Como uma ideia *a priori* para nos aproximar ao serviço público, partimos de três ideias ou níveis básicos que nos servirão de ponto de partida para identificar uma atividade prestacional.

Os serviços públicos são atividades indispensáveis para a sobrevivência do ser humano. Esses serviços, como atividade voltada para a satisfação de uma necessidade de caráter coletivo, partem de uma premissa óbvia: a sobrevivência da espécie humana é fundamental.

Neste sentido, é em grande medida responsabilidade do Estado e, por conseguinte, da Administração Pública, disponibilizar todos os meios possíveis ao alcance da população para que a raça humana sobreviva.

Reflitamos por um momento: o que aconteceria se não existisse o serviço público de água potável e sistema de esgoto? É evidente para todos a necessidade deste valioso líquido como elemento indispensável para a vida e ainda mais para viver em condições salubres. Por outro lado, os serviços públicos devem constituir um meio para melhorar a qualidade de vida.

O ser humano, em seu ambiente, especialmente pela própria evolução da sociedade, requer não apenas os elementos mais indispensáveis para sobreviver, mas deve contar também com certos benefícios e condições específicas que o coloquem em posição superior aos demais seres animados.

Assim, podemos exemplificar nosso argumento com o serviço público de fornecimento de energia elétrica, que não é indispensável para a vida, mas graças a seus benefícios nos proporciona uma série de comodidades que elevam nossa qualidade de vida.

Enfim, os serviços públicos devem permitir que o homem se desenvolva nos níveis intelectual e espiritual.

Neste cenário, os serviços públicos devem constituir uma ferramenta que propicie o crescimento da pessoa em todos seus níveis, de tal forma que consideramos o serviço público de educação como parte indispensável para a formação dos homens, bem como o serviço público de parques e jardins, que se trata, nesse caso, de uma atividade voltada a proporcionar uma satisfação emocional ao indivíduo, além de ser coadjuvante na proteção ambiental.

Os serviços públicos, em princípio, são atividades técnicas concretas, cujo objetivo é a satisfação de necessidades coletivas e, sobretudo, tratam-se de atividades encomendadas ao Estado (por intermédio da Administração Pública) dirigidas à coletividade, ainda que em muitas ocasiões com impactos diretos sobre o indivíduo.

Também há que se destacar que na atualidade a atividade prestacional, embora seja uma obrigação imposta à Administração Pública pelo Legislador, constituinte ou ordinário, se revela continuamente na forma de prestação indireta, ou seja, permite que o particular substitua a Administração Pública na prestação de um serviço público e, portanto, seja assim satisfeita essa necessidade de caráter coletivo; não somente ante a impossibilidade do Estado de prestar o serviço, mas, seguindo as atuais tendências do Direito Administrativo, em que se rompem os paradigmas tradicionais e a satisfação do interesse público ou geral já não é potestade exclusiva do Estado, se não que os administrados, como titulares de direitos, apresentam-se também como coparticipantes na gestão pública.[6]

Assim, como afirma o professor espanhol José Luis Meilán Gil:

---

[6] *Cfr.* GUTIÉREZ COLANTUONO, Pablo Ángel. *Administración Pública, Juridicidad y Derechos Humanos*. Buenos Aires: Abeledo-Perrot, 2009, pp. 266-270.

O serviço público é explicado frequentemente como a tecnificação jurídica de um conceito social, em uma explicação que não hesito em qualificar como convencional.[7]

Ou seja, o serviço público nasce de necessidades sociais, em que o Estado aproveita para consolidar sua função regulamentadora em prol da satisfação de uma necessidade social. Em síntese, a atividade prestacional refere-se a uma das formas de satisfazer o interesse geral ou o bem público, como também é denominado. A esse respeito, assinala Francisco Porrúa Pérez:

> Em conclusão: o bem público que deve realizar o Estado consiste em estabelecer o conjunto de condições econômicas, sociais, culturais, morais e políticas necessárias para que o homem possa alcançar seu pleno desenvolvimento material e espiritual como pessoa humana, como membro de sua família, de sua empresa ou atividade econômica ou cultural, de sua categoria profissional, do município, do Estado e da comunidade internacional.[8]

---

[7] MEILÁN GIL, José Luis. *Progreso tecnológico y servicios públicos*. Madrid: Thomson Civitas, 2006, p. 1.

[8] PORRÚA PÉREZ, Francisco. *Teoría del Estado:* Teoría Política. 37ª Ed. México: Porrúa, 2003, p. 295.

Entretanto, como destacamos em outra ocasião, os serviços públicos não são a única forma jurídica que o Estado e a Administração Pública têm de satisfazer o interesse geral,[9] mas constitui, em última análise, um dos pontos medulares da atividade prestacional.

Não devemos nunca perder de vista que a Administração Pública, ao agir, deve ter como ponto fundamental o indivíduo ou, neste caso, o administrado (usuário do serviço que tratamos aqui), tal como aponta Jaime Rodríguez-Arana Muñoz:

> Não posso deixar de frisar insistentemente a centralidade do indivíduo segundo meu entendimento da vida pública. O indivíduo real, a pessoa, com o conjunto de circunstâncias que o acompanha em seu ambiente social, é o verdadeiro sujeito dos direitos e liberdades que proclamamos na Constituição. A esse homem, a essa mulher, com sua determinada idade, seu grau de cultura e de formação, maior ou menor, com sua procedência concreta e seus interesses particulares, próprios, legítimos, é a quem a Administração pública serve. A serviço dessa pessoa concreta o aparelho administrativo deve

---

[9] *Cfr.* BÉJAR RIVERA, Luis José. *La finalidad del acto administrativo*. Buenos Aires: Rap, 2010.

promover as condições para que exerça com a maior qualidade e profundidade suas liberdades.[10]

Complementando o anterior, referimo-nos ao mesmo autor em citação:

> No marco das novas políticas públicas, percebe-se que os cidadãos, as pessoas, são os autênticos donos da Administração Pública (...) foi iniciado um processo de reformas presidido pela ideia de construir uma Administração que pense mais nas pessoas e que seja mais sensível aos direitos humanos dos cidadãos em um contexto de maior qualidade no exercício dos serviços públicos.[11]

A nosso juízo, o tema dos serviços públicos, ainda que aproximado à satisfação de necessidades de caráter coletivo, tem também implícita a satisfação de uma necessidade individual, de tal forma que, em nosso entendimento, não podemos admitir a satisfação do interesse geral apenas em sua dimensão coletiva,

---

[10] RODRÍGUEZ-ARANA MUÑOZ, Jaime, *El Buen Gobierno y la Buena Administración de Instituciones Pública:* Adaptado a la Ley 5/2006 de 10 de abril. Navarra: Thomson Aranzadi, 2006, p. 26.

[11] RODRÍGUEZ-ARANA MUÑOZ, Jaime. *Reforma administrativa y políticas públicas.* Diputación Salamanca: Provincial de Lugo, 2007, p. 27.

posto que – impacta diretamente sobre uma satisfação individual, de tal forma que o interesse individual caminha e se reconhece de mãos dadas com o interesse coletivo e vice-versa, o interesse coletivo se concretiza, por sua vez, mediante a satisfação do interesse individual do administrado em sua dimensão coletiva.

1
breve desenvolvimento histórico

Tomando como ponto de partida a obra do mestre Alfonso Nava Negrete[12] distinguimos três grandes etapas e uma fase preliminar.

Na fase preliminar ou prévia à concepção dos serviços públicos, estabelece-se que não obstante as organizações políticas da antiguidade realizavam uma série de tarefas que sob os padrões atuais poderiam ser consideradas serviços públicos, não o eram realmente, especialmente porque não

---

[12] NAVA NEGRETE, Alfonso. *Derecho Administrativo Mexicano*. 2ª Ed. México: Fondo de Cultura Económica, 2001, pp. 415-427.

podemos considerar uma verdadeira concepção de um Direito Administrativo.

Assim, Roma já prestava certos serviços identificados com a integridade física, tais como a seguridade e salubridade públicas.[13]

Na idade média, seguiram-se uma série de atividades a cargo da monarquia ou do senhor feudal. Na Inglaterra, por exemplo, foram estabelecidas normas para combater à pobreza extrema séculos antes da luta pelo direito à educação dos habitantes. Destaca-se, logicamente, o contrato de vassalagem, mediante o qual um indivíduo jurava ao suserano sua fidelidade em troca desta proteção mínima.

Entretanto, não é demais mencionar que estas atividades eram realizadas mais com um intuito coercitivo ou de limitação do que como um direito para os governados que, longe de beneficiar a coletividade, procurava evidentemente assentar ainda mais o poder do monarca em exercício.

Assinala a esse respeito Juan Alfonso Santamaría Pastor:

---

[13] Já em Roma destaca-se que no livro *43* do *Digesto* foram estabelecidas medidas de prevenção destinadas a evitar a deterioração dos encanamentos de água e esgoto, por citar algum exemplo. Para ler mais, *Cfr.* FERNÁNDEZ DE BUJÁN, Antonio. *Derecho público romano y recepción del derecho romano en Europa*. 4ª Ed. Madrid: Civitas, 1999, pp. 190-194.

BREVE DESENVOLVIMENTO HISTÓRICO

> Antes do advento do sistema constitucional, todos os Estados europeus levavam a cabo atividades que hoje classificam-se, a partir de certa ótica, como serviços públicos (...) Todavia, estas atividades diferenciam-se completamente dos serviços que aparecem a partir do século XIX, em dois aspectos:
>
> a) Em primeiro lugar, tais atividades são realizadas com espírito mais limitador e coercitivo que de serviços; com elas não se tratava tanto de proporcionar benefícios aos súditos, mas de servir às necessidades da monarquia ou do aparelho estatal (...)
>
> b) (...) tais atividades pertenciam à categoria dos denominados serviços *uti universi*: isto é, serviços que não foram pensados para proporcionar benefícios a pessoas concretas e determinadas, mas, na melhor das hipóteses, para servir a necessidades abstratas da comunidade política.[14]

Na monarquia absolutista, como destaca Ramón Parada, foram determinadas as bases para os primeiros serviços públicos, ainda que, reiterando as ideias expostas nos parágrafos anteriores, melhor associados ao exercício da soberania.[15]

---

[14] SANTAMARÍA PASTOR, Juan Alfonso. *Principios de Derecho Administrativo*. vol. II. 3ª Ed. Madrid: Ceura, 2002, p. 301.

[15] *Cfr*. PARADA, Ramón. *Derecho Administrativo I*: Parte General. 13ª Ed. Madrid: Marcial Pons, 2002, p. 424.

A primeira etapa que destaca Nava Negrete, identificamos como o estabelecimento de que a única atividade do Estado é prestar os serviços públicos, ou seja, estabelece-se que todo Direito Público era, pois, serviço público.[16]

Esta conceituação, própria do século XIX, cuja autoria é atribuída Duguit e Bonnard, segundo a escola realista francesa, luta pela identificação total da atividade da Administração Pública com a prestação dos serviços públicos. Assim, admitimos que a obra do *enfant terrible* da escola realista, Gaston Jèze,[17] fundamenta grande parte de sua doutrina administrativa na prestação dos serviços públicos. Isso o fez merecedor de amplas críticas por parte do professor francês Maurice Hariou.[18]

De acordo com esta concepção, a Teoria do Estado buscava com afinco substituir a expressão soberania (porque a vinculavam ao absolutismo combatido desde o século XVIII) pela de serviço público. Porém, com o desenvolvimento do mercantilismo e

---

[16] *Cfr.* NAVA NEGRETE, Alfonso. *Derecho Administrativo Mexicano*. 2ª Ed. México: Fondo de Cultura Económica, 2001, p. 418.

[17] *Cfr.* JÉZE, Gaston. *Servicios públicos y contratos administrativos*. México: Editorial Jurídica Universitaria, 2007.

[18] *Cfr.* HARIOU, Maurice. *Derecho administrativo y derecho público*. México: Editorial Jurídica Universitaria, 2007, pp. 48-51.

BREVE DESENVOLVIMENTO HISTÓRICO

mesmo com a Revolução Industrial, o Estado começou a intervir em diferentes atividades (especialmente na economia) razão pela qual esta visão foi rapidamente descartada, ainda que não abandonada, já que persistiu até o século XX.

A segunda etapa ocorre até o início do século XX, quando a doutrina aceitou que nem toda atividade da Administração Pública (e, por conseguinte, nem a totalidade do Direito Administrativo) consistia na prestação dos serviços públicos, pelo que, a partir deste ponto, começaram a surgir as diversas ramificações como a financeira e fiscal, ambiental, registral, que de fato não consistiam em serviços públicos, mas constituíam funções públicas. Entretanto, persistiu a noção de que os serviços públicos unicamente podiam ser prestados pelo Estado.[19]

Além disso, devemos destacar que se observa uma importante modificação na concepção dos serviços públicos, passando aqueles identificados com o poder de limitação do Estado a atividades próprias da satisfação de necessidades de interesse geral.[20] Isto é, o abastecimento de água, gás, energia elétrica, telefone, transporte, para citar alguns, tornaram-se agora serviços públicos.

---

[19] *Cfr.* NAVA NEGRETE, Alfonso. *Derecho Administrativo Mexicano.* 2ª Ed. México: Fondo de Cultura Económica, 2001, p. 418.

[20] *Cfr.* PARADA, Ramón. *Derecho Administrativo I:* Parte General. 13ª Ed. Madrid: Marcial Pons, 2002, p. 424.

Opera-se uma mudança da posição que guarda o Estado como alheio à sociedade (Estado liberal de Direito) prestando unicamente certos serviços relacionados com a atividade policial, para colocar-se como benfeitor, cujas obrigações nascem do próprio Estado, satisfazendo uma série de demandas da sociedade, não apenas da classe burguesa, mas também da classe operária.[21]

Acertadamente assinala Hariou:

> Que a ideia do serviço tenha substituído à da dominação nas preocupações do poder não é um resultado desprezável. Este progresso é obra da lenta difusão de uma ideia, mas é preciso entender bem que o poder foi subjugado por si próprio, empregando meios objetivos de autolimitação. Ele organizou-se em atenção ao serviço, tomando inúmeras precauções para submeter-se a uma disciplina mediante a hierarquia, mediante a tutela das administrações locais, mediante toda a gama das reclamações administrativas abertas aos administrados (...).[22]

---

[21] *Cfr.* BLANQUER, David, *Curso de Derecho Administrativo I:* Los sujetos y la actividad. Valencia: Tirant Lo Blanch, 2006, p. 438.

[22] HARIOU, Maurice. *Derecho administrativo y derecho público.* México: Editorial Jurídica Universitaria, 2007, p. 50.

BREVE DESENVOLVIMENTO HISTÓRICO

Finalmente, a terceira etapa ocorre na Europa como consequência da Segunda Guerra Mundial, e teóricos como Jean de Corail[23] nos mostraram novas características dos serviços públicos:

a) Podem ser prestados pelo Estado ou por particulares;

b) Podem ser prestados com ou sem fins de lucro;

c) São de natureza administrativa ou econômica (referindo-se à indústria ou ao comércio).

d) Seu regime é de Direito Administrativo, embora intervenham em sua regulamentação outros ramos do direito.

Mesmo que desde a segunda etapa se apresente a prestação indireta dos serviços públicos, é neste momento que adquire sua maior força, isto é, o Estado recorre ao particular para a prestação dos serviços públicos, não somente diante da impossibilidade de prestá-los, mas também como forma de incentivar a participação privada na gestão pública e como um fator verdadeiramente econômico.

Não obstante, foram estabelecidas certas reservas em distintos ordenamentos jurídicos de tal

---

[23] Citado por NAVA NEGRETE, Alfonso. *Derecho Administrativo Mexicano*. 2ª Ed. México: Fondo de Cultura Económica, 2001, p. 149.

forma que o Estado continuasse exercendo o monopólio público na prestação de determinados serviços tidos como exclusivos do Estado.

2
conceito de serviço público

Permitimo-nos iniciar este capítulo citando o professor mexicano Gustavo A. Esquivel Vázquez, ao assinalar que:

> Definir o serviço público sempre foi e continuará sendo complicado, já que é complexo e está em evolução, dada a própria atividade do Estado e as necessidades da sociedade, as quais se encontram em constante transformação por sua própria evolução devido às alterações demográficas, aos avanços tecnológicos, entre outros.[24]

---

[24] ESQUIVEL VÁZQUEZ, Gustavo A. "Prestación de un Servicio Público por un organismo público autónomo" *In:*

Provavelmente o denominador comum que encontramos na doutrina é precisamente a falta de um critério uniforme para definir os serviços públicos, além da complexidade já assinalada pelo mencionado autor, há também as distintas visões que os doutrinários têm com relação a este tema.

Vejamos, a título de exemplo, alguns dos conceitos trazidos pela doutrina.

Ramón Parada nos diz que:

> A atividade administrativa de prestação é aquela em que a Administração satisfaz diretamente uma necessidade pública mediante a prestação de um serviço aos administrados. Estes serviços que podem ser muito variados, como a segurança pública, o transporte, o abastecimento, o ensino, a saúde, etc. (...) denominam-se também serviço público.[25]

Por sua vez, Sayagués Laso aponta que os serviços públicos são:

> (...) aqueles desenvolvidos por entidades estatais ou por seu expresso mandato, para

---

BÉJAR RIVERA, Luis José (Coord.). *Derecho Administrativo:* Perspectivas contemporáneas. México: Porrúa, 2010, p. 201.

[25] PARADA, Ramón. *Derecho Administrativo I*: Parte General. 13ª Ed. Madrid: Marcial Pons, 2002, p. 422.

satisfazer necessidades coletivas impostergáveis mediante prestações fornecidas direta e imediatamente aos indivíduos sob um regime de Direito Público.[26]

Juan Francisco Linares, diz o seguinte:

> Definimos o serviço público como a prestação obrigatória individualizada e concreta de coisas e serviços, para satisfazer necessidades coletivas e primordiais da comunidade, seja diretamente pela Administração, seja por meio de particulares; em ambos os casos sob um regime de Direito Público.[27]

Inclusive a Suprema Corte de Justiça da Nação, emitiu um conceito de serviço público:

> SERVIÇO PÚBLICO – Em Direito Administrativo, entende-se por serviço público um serviço técnico prestado ao público, de forma regular e contínua, para satisfação da ordem pública e por uma organização pública. É indispensável, para que um serviço seja considerado público, que a Administração

---

[26] Citado por DELPIAZZO, Carlos E. *Derecho Administrativo Uruguayo*. México: Porrúa, 2005, p. 329.

[27] LINARES, Juan Francisco. *Derecho Administrativo*. Buenos Aires: Astrea, 2000, p. 509.

Pública o tenha centralizado e que o atenda diretamente e por si própria, com caráter de dona, para satisfazer interesses gerais; e que, consequentemente, os respectivos funcionários e empregados sejam nomeados pelo poder público e façam parte da administração, ficando sujeitos ao respectivo estatuto ou, em outros termos, ao conjunto de regras que regulamentam os deveres e direitos dos funcionários e empregados públicos, entre os quais constam: a obrigação de jurar o cargo antes de tomar posse e o direito de receber a remuneração, que será obrigatoriamente fixada pela Câmara dos Deputados, no orçamento de despesas.[28]

Luis Humberto Delgadillo Gutiérrez define o serviço público como:

> (...) uma atividade geral, uniforme, regular e contínua, realizada pelo Estado ou pelos particulares, conforme as disposições legais que a regulamentam, destinada à satisfação de necessidades coletivas de interesse geral.[29]

---

[28] Tese Isolada emitida pelo Plenário da Suprema Corte de Justiça da Nação, *Quinta Época, Semanario Judicial de la Federación*. Tomo XV, p. 1251.

[29] DELGADILLO GUTIÉRREZ, Luis Humberto. *Elementos de Derecho Administrativo*: Primer Curso. 2ª Ed. México: Limusa, 2003, p. 286.

CONCEITO DE SERVIÇO PÚBLICO

Finalmente, Jorge Fernández Ruiz nos diz que:

> (...) o serviço público pode ser definido como toda atividade técnica destinada a satisfazer uma necessidade de caráter geral, com sujeição a um regime jurídico exorbitante do Direito Privado, seja por meio da administração pública, seja mediante particulares facultados para tanto pela autoridade competente, em benefício indiscriminado de toda pessoa.[30]

Retomando o conceito do professor espanhol Ramón Parada, devemos destacar que o conceito de serviço público é um termo polêmico e polissêmico. O primeiro, em virtude da tensão político-ideológica gerada entre aqueles que veem o serviço público como os males da estatização, burocracia, intervencionismo e déficit público, entre outros, em contraste à iniciativa privada, à participação privada na gestão pública, à livre concorrência no mercado e ainda a um fenômeno de mão invisível.[31]

Polissêmico porquanto a noção de serviço público, como se pôde apreciar desde suas primeiras

---

[30] FERNÁNDEZ RUIZ, Jorge. *Seguridad pública municipal*. Querétaro: Fundap, 2003, pp. 132/133.

[31] *Cfr.* PARADA, Ramón. *Derecho Administrativo I*: Parte General. 13ª Ed. Madrid: Marcial Pons, 2002, p. 422.

etapas, apresenta-se não como uma forma de atividade administrativa, mas como a confluência de muitas em uma só atividade, seja de prestação, fomento ou limitação. Em outras palavras, quando o legislador estabelece uma determinada atividade sob a categoria de serviço público, refere-se tanto à atividade prestacional em sentido estrito como também permite à Administração Pública realizar atividades de intervenção e limitação na vida dos administrados, estabelecendo condições, limites e restrições no gozo de direitos ou na forma como tais direitos serão exercidos, e ainda um sistema de sanções, principalmente quando a prestação do serviço se faz de modo concorrente com os particulares.[32]

É evidente, pois, que se torna um tema complexo estabelecer um conceito uniforme de serviço público. Todavia, sem maiores pretensões, podemos entender por serviço público (em paralelo com o exposto por Fernández Ruiz) a atividade técnica, regulada pelo Direito Público, mediante a qual o Estado, ou um particular satisfaz uma necessidade de caráter geral.

---

[32] PARADA, Ramón. *Derecho Administrativo I:* Parte General. 13ª Ed. Madrid: Marcial Pons, 2002, p. 422.

3
critérios para caracterizar os serviços públicos

Como podemos observar nos itens anteriores, tanto como consequência da denominada "crise do serviço público" originada na França, quanto pelas diversas escolas que estudaram os serviços públicos,[33]

---

[33] *"[...] quando se fala da crise do serviço público há que se referir a algo mais que à crise quanto à utilidade do conceito como critério de partição das jurisdições: é a crise conceitual da separação idealista do Estado e da sociedade. O Estado não mais necessita da prévia declaração de titularidade (publicatio) de determinadas atividades e, além disso, a sociedade democrática tem maior consciência de seus direitos."* Cfr. MEILÁN GIL, José Luis. *Progreso tecnológico y servicios públicos*. Madrid: Thomson Civitas, 2006. p. 28; também, *Cfr.* GARRIDO FALLA,

gerou-se uma discussão não somente quanto à natureza do serviço público, mas quanto a toda a atividade do Estado, toda a atividade da Administração Pública ou como parte da atividade administrativa; todavia, as escolas não se limitaram a essa questão, pondo em discussão inclusive a natureza do serviço como público.[34]

Assim, segundo expressa Fernández Ruiz:

> Se analisados os conceitos de serviço público propostos por diversos autores será observada a discrepância existente na doutrina relativa ao critério para determinar o caráter público de um serviço; porque, para uns, a tônica é dada pelo órgão que está encarregado da prestação, uma vez que, segundo eles, só os órgãos públicos podem gerir tal serviço. Para outros, a qualificação pública é dada pelo regime jurídico exorbitante do Direito Privado ao qual se submete o procedimento de sua organização e funcionamento.
>
> A divergência aumenta em função de não serem poucos os que rechaçam ambos os critérios definidores do caráter público do serviço, porque, em sua opinião, quem lhe

---

Fernando. *Tratado de derecho administrativo*. vol. II. 11ª Ed. Madrid: Tecnos, 2002, pp. 389-393.

[34] Para ler mais, *Cfr.* HARIOU, Maurice. *Derecho administrativo y derecho público*. México: Editorial Jurídica Universitaria, 2007, pp. 48-51; também, MEILÁN GIL. *Progreso tecnológico y servicios públicos*. Madrid: Thomson Civitas, 2006, pp. 21-30.

confere tal atributo é o objeto do serviço ou, como propõem outros, sua finalidade, seu *telos*, ou em última análise, seu reconhecimento pela lei (...).[35]

Em suma, assim como ocorre com sua definição, a delimitação da nota distintiva ou característica dos serviços públicos também é (em mais de uma ocasião) objeto de inúmeras e acaloradas discussões.

Destacamos três critérios (embora admitamos que não são os únicos) para caracterizar os serviços públicos, a saber: a) orgânico; b) funcional; e c) jurídico.

3.1 CRITÉRIO ORGÂNICO

Segundo este critério, a característica distintiva do serviço público radica no ente ou pessoa que satisfaz ou realiza o serviço.

Ou seja, a ênfase para entender o serviço público é colocada sobre o sujeito prestador do serviço. Em sua concepção inicial, a Administração Pública, e após uma evolução da mencionada corrente, considera-se também a prestação indireta do serviço mediante concessionários do Estado.[36]

---

[35] FERNÁNDEZ RUIZ, Jorge. *Seguridad pública municipal*. Querétaro: Fundap, 2003, p. 133.

[36] *Cfr.* MARIENHOFF, Miguel S. *Tratado de Derecho*

Aqui podem ser identificadas posturas doutrinárias clássicas como León Duguit e Gaston Jèze; este último inclui a "justiça" como parte do serviço público; certo é que a "justiça", em última análise, está fora da esfera administrativa, mesmo tratando-se de uma função do Estado.[37]

O professor argentino Miguel Marienhoff afirma:

> Nesta concepção orgânica, a expressão serviço público é utilizada para designar não uma atividade, mas, isso sim, uma organização, ou seja, o aparelho administrativo do serviço e o organismo que o dirige.[38]

3.2 CRITÉRIO FUNCIONAL

Identificado por Marienhoff também como substancial ou material[39], é considerado como o critério oposto ao orgânico, com especial significado para a

---

Administrativo. Tomo II, 4ª Ed. Buenos Aires: Abeledo-Perrot, 2003, pp. 19/20.

[37] MARIENHOFF, Miguel S. *Tratado de Derecho Administrativo.* Tomo II, 4ª Ed. Buenos Aires: Abeledo-Perrot, 2003, pp. 19/20.

[38] Citado por FERNÁNDEZ RUIZ, Jorge. *Derecho Administrativo: Servicios Públicos.* México: Porrúa 1995, p. 58.

[39] MARIENHOFF, Miguel S. *Tratado de Derecho Administrativo.* Tomo II, 4ª Ed. Buenos Aires: Abeledo-Perrot, 2003, p. 20.

doutrina italiana como Vallés, Zanobini e Giannini, centra sua visão na determinação da categoria do serviço público conforme a necessidade a ser satisfeita, independentemente dos sujeitos que o façam.[40]

Assim, estabelece-se que a característica de *serviço* público reside precisamente no fato de tratar-se de uma função pública, em princípio, como potestade exclusiva do Estado, e o Estado, por diversas razões, permite a participação dos particulares na satisfação da *necessidade* pública.[41]

Nas palavras de Jorge Fernández Ruiz:

> (...) o elemento definitivo de serviço público está, segundo o critério funcional, não no caráter do órgão, pessoa ou instituição encarregada da prestação do serviço, nem no reconhecimento da lei, mas no fato de que a atividade a desenvolver satisfaça uma necessidade de caráter geral. Dito de outra forma: conforme o critério funcional, não importa conhecer quem presta o respectivo serviço, mas saber qual é o caráter da necessidade a ser satisfeita mediante a prestação do serviço.[42]

---

[40] *Cfr.* GARRIDO FALLA, Fernando. *Tratado de derecho administrativo*. vol. II. 11ª Ed. Madrid: tecnos, 2002, pp. 387-389.

[41] GARRIDO FALLA, Fernando. *Tratado de derecho administrativo*. vol. II. 11ª Ed. Madrid: tecnos, 2002, p. 388.

42 FERNÁNDEZ RUIZ, Jorge. *Derecho Administrativo:* Servicios Públicos. México: Porrúa, 1995, p. 66.

Isso, sempre e quando a respectiva necessidade a ser satisfeita reúna determinadas características,[43] isto é, que estejam presentes as razões de interesse público ou interesse geral. Esta questão revela-se repentinamente mais de caráter político que jurídico, já que seu estabelecimento está condicionado a determinadas circunstâncias vigentes em um período determinado e que, em determinado momento, podem mudar.[44] Assim, o que antes era uma atividade privada, hoje não é mais, e o que se considera atualmente como serviço público, no futuro não mais o será.[45]

3.3 CRITÉRIO JURÍDICO

O mestre Andrés Serra Rojas, com relação a este critério:

> (...) a firma que se trata de serviço público quando esta atividade está submetida a um

---

43 *Cfr.* MARIENHOFF, Miguel S. *Tratado de Derecho Administrativo.* Tomo II, 4ª Ed. Buenos Aires: Abeledo-Perrot, 200, p. 20.

44 *Cfr.* GARRIDO FALLA, Fernando. *Tratado de derecho administrativo.* vol. II. 11ª Ed. Madrid: Tecnos, 2002, p. 389.

[45] Basta lembrar que originalmente *L'Arrêt Blanco* era um transporte de tabaco tratado como serviço público, hoje cada vez mais restringido.

regime jurídico especial, que em princípio é derrogatório do Direito Privado. O mesmo regime assinala as exceções a esse princípio.⁴⁶

Outros autores que denominam este critério como critério legal, identificam que para diferenciar o serviço público se deve atentar para o caráter que o legislador outorgue a uma determinada atividade administrativa. Neste ponto é onde nasce a distinção habitual para denominar os serviços públicos em próprios e impróprios. Os primeiros são aqueles em que o legislador, seja na Constituição, seja na lei, confere caráter de serviço público a uma determinada atividade;⁴⁷ e por serviços impróprios entenderemos

---

⁴⁶ SERRA ROJAS, Andrés. *Derecho Administrativo*: Primer Curso. 28ª Ed. México: Porrúa, 2009, p. 111.

⁴⁷ Nos referimos neste caso, por exemplo, à Constituição Política dos Estados Unidos Mexicanos, em seu artigo 27, parágrafo sexto, que diz textualmente:

"Artigo 27. (...)

Nos casos a que se referem os dois parágrafos anteriores, o domínio da Nação é inalienável e imprescritível e a exploração, uso ou aproveitamento dos recursos de que se trate, pelos particulares ou por sociedades constituídas conforme as leis mexicanas, não poderá ser realizado senão mediante concessões, outorgadas pelo Executivo Federal, de acordo com as regras e condições que a legislação estabelecer. As normas legais relativas a obras ou trabalhos de exploração dos minerais e substâncias a que se refere o parágrafo quarto regularão a execução e comprovação dos que sejam efetuados ou devam ser efetuados a partir de sua vigência, independentemente da data de outorga das concessões,

aqueles que embora não sejam denominados como serviços públicos pela lei, preenchem todas suas características e, metodologicamente, torna-se apropriado estudá-los.

Não obstante seja possível recolher de cada um dos critérios anteriores algum elemento, e em nosso entendimento o critério funcional contém o ponto fundamental, ou seja, a satisfação da necessidade pública, devemos atar este critério ao orgânico, pois estabelece-se que o serviço público só pode ser prestado pela Administração Pública (ou sob sua autorização mediante concessionários). Também devemos destacar que será o próprio legislador quem haverá de impor o limite ou distinção para sabermos quando estamos diante de um serviço público, ou diante de alguma outra atividade a ser desenvolvida

---

e sua inobservância implicará em seu cancelamento. O Governo Federal tem o poder de estabelecer reservas nacionais e suprimi-las. As correspondentes declaratórias serão emitidas pelo Executivo nos casos e condições previstas pela legislação. No caso do petróleo e dos carbonetos de hidrogênio sólidos, líquidos ou gasosos ou de minerais radioativos, não serão outorgadas concessões nem contratos, nem subsistirão os eventualmente já outorgados e a Nação se encarregará da exploração desses produtos, nos termos previstos pela respectiva Lei Regulamentar. Compete exclusivamente à Nação gerar, conduzir, transformar, distribuir e abastecer energia elétrica que tenha por objeto a prestação de serviço público. Nesta matéria não serão outorgadas concessões aos particulares e a Nação aproveitará os bens e recursos naturais requeridos para tais fins."

CRITÉRIOS PARA CARACTERIZAR OS SERVIÇOS...

pelo Estado (função administrativa) ou pelos particulares (serviços no comércio), ainda quando estes tenham um mínimo de regulação.[48]

---

[48] Pensemos em qualquer serviço susceptível de comércio, que esteja sujeito às regras do Direito Mercantil seja o Código de Comércio, como pauta geral, bem como as Normas Oficiais Mexicanas pertinentes.

4
características distintivas dos serviços públicos

Para Carlos E. Delpiazzo,[49] tomando como ponto de partida a escola de Burdeos, extrapola-se que o Direito Administrativo está caracterizado por três elementos básicos:

a) Um elemento teleológico, uma vez que se trata de uma atividade que tende a satisfazer necessidades de interesse geral;

b) Um elemento subjetivo ou orgânico, que consiste no fato da prestação do serviço público estar a cargo de um ente público; e,

---

[49] DELPIAZZO, Carlos E. *Derecho Administrativo Uruguayo.* México: Porrúa, 2005, p. 330.

c) Um elemento formal, isto é, que a prestação do serviço público está regulada primordialmente pelo Direito Administrativo.

Em uma concepção moderna, Miguel Acosta Romero[50] distingue como características do serviço público as seguintes:

a) É uma atividade técnica, dirigida a uma finalidade;

b) Essa finalidade é a satisfação de necessidades básicas da sociedade, é de interesse geral, regulada pelo Direito Público, mas que, na opinião de alguns tratadistas, nada obsta a que seja de Direito Privado;

c) A atividade pode ser realizada pelo Estado, ou pelos particulares (mediante concessão); e,

d) O regime jurídico que garanta a satisfação, constante e adequada das necessidades de interesse geral; regime jurídico que é de Direito Público.

Não obstante o exposto acima, consideramos fundamental para entender este ponto, recorrer à obra de Jorge H. Sarmiento García, quando se refere aos

---

[50] ACOSTA ROMERO, Miguel. *Teoría General del Derecho Administrativo:* Primer Curso. 14ª Ed. México: Porrúa, 1999, pp. 967/968.

elementos essenciais da noção de serviço público, e que preferimos reproduzir.

> Já expressamos em outra oportunidade que os elementos essenciais da noção de serviço público são:
>
> a. A natureza da atividade. O serviço público é uma "pars" da atividade administrativa, basicamente industrial ou comercial, atividade ou função do poder político mediante a qual se tende a alcançar metas ou funções do Estado, na espécie, de bem-estar e progresso social, ações que embora não necessárias para o ser do Estado, mas de mera "utilidade", são indispensáveis para a "boa vida em comum".
>
> b. O sujeito que o presta. A atividade em questão é executada por entidades estatais ou por delegação destas, neste último caso, sob o controle daquelas.
>
> c. O fim e o objeto. A referida atividade tem como finalidade satisfazer necessidades individuais de importância coletiva, mediante prestações materiais em espécie, periódicas e sistemáticas, que constituem o objeto essencial de uma concreta relação jurídica com o usuário.
>
> d. O regime que o regula. A atividade está assegurada por um regime jurídico especial, de Direito Público, para permitir que quem a executar possa melhor atender a satisfação das necessidades antes mencionadas; mas uma

prudencial regulação do serviço, à margem de reconhecer prerrogativas a quem o presta, deve proporcionar aos administrados ou usuários as armas legais contra os eventuais desmandos autoritários.[51]

---

[51] SARMIENTO GARCÍA, Jorge H. *Concesión de Servicios Públicos*. Buenos Aires: Ciudad Argentina, 1999, pp. 70-72.

5
princípios norteadores dos serviços públicos

A Administração Pública como tal não deve atuar de forma arbitrária, e assim como o Direito Administrativo em geral é regido por uma série de princípios, também cada uma das disciplinas que o integram possuem seus princípios específicos, independentemente se estão ou não consagrados na norma ordenadora.

Assim, ao falar de princípios, nos referimos, nas palavras do professor argentino Rodolfo Luis Vigo, a:

> (...) um direito concentrado que não define nem hipóteses nem consequências (...) os

"princípios" se tornam "mandamentos de otimização (*Alexy*) enquanto determinam a melhor conduta possível de acordo com as possibilidades fáticas e jurídicas. Os "princípios" são direito concentrado que pode ser expressado e justificar diferentes "normas" (...).[52]

Os princípios constituem uma fonte ordenadora na produção das normas, ou seja, trata-se de valores superiores à ordem jurídica que o legislador deve levar em consideração na elaboração da lei administrativa, constituem também orientadores mínimos do comportamento na atuação administrativa, que podem ou não estar contidos na Constituição e nas próprias leis, mas que sem dúvida estão presentes no Estado e, portanto, regem o comportamento administrativo; ou, ainda, trata-se de princípios que sem atender valores supralegais, determinam e orientam a atuação administrativa,[53] como seria o caso do princípio da celeridade nos procedimentos administrativos, ou a generalidade na prestação dos serviços públicos.

---

[52] VIGO, Rodolfo Luis. *De la Ley al Derecho*. 2ª Ed. México: Porrúa, 2005, p. 4.

[53] *Cfr.* BLANQUER, David. *Curso de Derecho Administrativo III:* El fundamento y el control. Teoría y práctica. Valencia: Tirant Lo Blanch, 2006, pp. 55/56.

PRINCÍPIOS NORTEADORES DOS SERVIÇOS PÚBLICOS

Complementando o parágrafo anterior, o professor espanhol Jesús González Pérez afirma:

> (...) do que se trata é que os princípios gerais do Direito empreguem toda sua força, dando lugar a uma técnica ou jurisprudência principal da qual tem se dito que 'está muito longe dos movimentos românticos e naturalistas do Direito livre, da *Rechtssoziologie*, do behaviorismo o do *legal realism*, do pragmatismo e da jurisprudência de interesses, que por fugir do ambiente rarefeito do estrito legalismo dissolve a complexa objetividade e positividade do Direito. A afirmação e desenvolvimento desta jurisprudência de princípios domina avassaladoramente o momento atual da ciência jurídica'.[54]

Os autores da matéria mencionam uma grande variedade de princípios, segundo sua visão e formação, de tal forma que é pouco provável encontrar uma concordância plena entre estes.[55]

---

[54] GONZÁLEZ PÉREZ, Jesús. *El principio general de la Buena Fe en el Derecho Administrativo*. 4ª Ed. Madrid: Thomson Civitas, 2004, pp. 26/27.

[55] *Cfr.* SARMIENTO GARCÍA, Jorge. *Los principios en el Derecho Administrativo*. Mendoza: Ediciones Diké Foro de Cuyo, 2000; BALBÍN, Carlos F. *Curso de Derecho Administrativo*. Tomo I, Buenos Aires: La Ley, 2008; BLANQUER, David, *Curso de*

Com efeito, os princípios orientadores do serviço público referem-se a aqueles postulados característicos e inclusive indispensáveis para considerar uma atividade administrativa como serviço público, conforme identificado por diversos autores; entretanto, sob estas condições nenhuma diferença apresentam em relação aos elementos mencionados no item anterior, razão pela qual devemos estender um pouco esta ideia, com o propósito de assinalar que os princípios orientadores dos serviços públicos são aqueles fundamentos que precisamente conferem o caráter a esta função administrativa, a fim de que possam constituir os elementos anteriormente mencionados.

Acertadamente, Libardo Rodríguez Rodríguez ressalta que:

> (...) deve-se levar em consideração que a aplicação destes princípios não é rigorosa, mas depende da lei e da jurisprudência em cada caso, pelo qual podem ser chamados simplesmente princípios norteadores dos serviços públicos, dando a entender que são uma espécie de guia ou diretriz que devem seguir a lei e a jurisprudência quando tratam de estabelecer o regime jurídico deles.[56]

Derecho Administrativo III: El fundamento y el control. Teoría y práctica. Valencia: Tirant Lo Blanch, 2006, citando alguns exemplos.

[56] RODRÍGUEZ RODRÍGUEZ, Libardo. *Derecho Administrativo colombiano*. México: Porrúa, 2004, p. 497.

PRINCÍPIOS NORTEADORES DOS SERVIÇOS PÚBLICOS

Apesar de nem todos os autores coincidirem sobre quais os princípios são os integrantes do serviço público, podemos identificar aqueles que consideramos fundamentais, como resultado da articulação dos conceitos de diversos autores.

Estes princípios são: a) universalidade; b) uniformidade; c) continuidade; d) adaptabilidade; e) legalidade; f) obrigatoriedade; g) permanência; e, h) gratuidade.

5.1 PRINCÍPIO DA UNIVERSALIDADE

Também conhecido como princípio da generalidade, implica, por si só uma vinculação com os direitos humanos, que para fins práticos os definimos nos termos da Declaração Universal dos Direitos Humanos.[57] Sob o sistema jurídico mexicano, fazemos uma especial referência ao parágrafo terceiro do artigo Primeiro da Constituição,[58] pois nos assinala, em

---

[57] Firmada em 1948 pelos Estados signatários da Organização das Nações Unidas.

[58] O citado dispositivo da Constituição diz textualmente:
"Artigo 1.
(...)
Fica proibida toda discriminação motivada pela origem étnica ou nacional, género, idade, as capacidades diferentes, a condição social, as condições de saúde, a religião, as opiniões, as preferências, o estado civil ou qualquer outra que atente contra a dignidade humana e tenha por objeto anular ou menosprezar os direitos e liberdades das pessoas."

uma ideia *a priori*, que pelo simples fato de sê-lo, todo ser humano tem o direito de usar o serviço público, sem nenhuma espécie de distinção de sexo, raça, religião ou condições social e econômica. A este respeito, Jorge Fernández Ruiz diz:

> É importante destacar que não pode haver um cabal respeito por certos direitos humanos sem a existência de determinados serviços públicos. Assim, por exemplo, o direito à vida e o direito à seguridade ficariam desprotegidos sem a prestação do serviço público de segurança pública.[59]

Este princípio tem uma relação direta com o princípio de obrigatoriedade, que se refere à obrigação do Estado de proporcionar de forma direta ou indireta o serviço público. Entretanto, trataremos deste ponto mais adiante.

Assim sendo, podemos nos deparar com princípios que se referem a usuários indeterminados (o que alguns autores denominam *uti universi*); a universalidade circunscreve-se às regiões geográficas que a Administração Pública deve cobrir, a fim de não restringir a fruição do serviço público.

---

[59] FERNÁNDEZ RUIZ, Jorge. *Derecho Administrativo:* Servicios Públicos. México: Porrúa 1995, p. 117.

5.2 PRINCÍPIO DA UNIFORMIDADE

O Princípio da uniformidade ou igualdade[60] adaptado em grande parte à isonomia que o Direito Internacional dos direitos humanos preconiza, ou seja, à igualdade como direito, citando novamente o mestre Fernández Ruiz:

> (...) consoante seu caráter essencial de igualdade, o serviço público, em tudo que se refere a seus encargos e benefícios, há de ser prestado de maneira uniforme, de modo igual para todos os usuários, sem discriminação de espécie alguma, o qual não constitui óbice para estabelecer distintos níveis ou categorias do serviço, de acordo com tarifas diferenciadas, devendo sempre outorgar igual tratamento a todos os usuários que se encontrem no mesmo nível de categoria.[61]

Complementando esta ideia, Miguel S. Marienhoff destaca:

---

[60] Para ler mais, *Cfr.* ENTRENA CUESTA, Rafael. "El principio de igualdad ante la Ley y su aplicación en el Derecho Administrativo". *In: RAP*, Madrid, n. 37, Centro de Estudios Políticos Constitucionales, pp. 63 e ss, 1962; também BURGOA, Ignacio. *Las garantías individuales*. 20ª Ed. México: Porrúa, 1986, pp. 251 e segs.

[61] BURGOA, Ignacio. *Las garantías individuales*. 20ª Ed. México: Porrúa, 1986, p. 120.

A expressa igualdade de tratamento que deve ser dada aos habitantes na utilização de um serviço público é um corolário do princípio fundamental de igualdade perante a lei.[62]

Para concluir, citamos novamente o mestre colombiano Libardo Rodríguez Rodríguez quando se refere ao princípio da uniformidade.

> É uma manifestação específica do princípio mais geral do direito consistente na igualdade de todos perante a lei que se traduz no dever do serviço público de tratar seus usuários em pé de igualdade, sem discriminação. Esta igualdade, que no princípio era considerada absoluta, com fundamento na equidade, se transformou em uma igualdade na medida em que os usuários estão em situação similar perante o serviço, o que tem permitido modernamente a fixação de tarifas diferenciadas nos serviços públicos, de acordo com grupos de usuários que se encontram em situações similares ou semelhantes.[63]

---

[62] FERNÁNDEZ RUIZ, Jorge. *Derecho Administrativo:* Servicios Públicos. México: Porrúa 1995, p. 121.

[63] RODRÍGUEZ RODRIGUEZ, Libardo. *Derecho Administrativo colombiano*. México: Porrúa, 2004, p. 498.

5.3 PRINCÍPIO DA CONTINUIDADE

Destaca Delgadillo Gutiérrez que:

> (...) a continuidade nos serviços públicos implica que devem ser realizados de maneira ininterrupta. Este caráter é considerado de natureza essencial, uma vez que a satisfação das necessidades coletivas de interesse geral, que devem cobrir-se com os serviços públicos, deve ser realizada de forma oportuna e eficiente, o que não será possível alcançar se houver interrupção na prestação de tais serviços.[64]

Juan Alfonso Santamaría Pastor, por sua vez, nos diz que a continuidade na prestação do serviço público:

> (...) não deve ser interpretada de modo literal, como equivalente à permanência, mas à regularidade na prestação, a qual deve ocorrer sem outras interrupções que as previstas de antemão, de acordo com a natureza das necessidades a satisfazer.[65]

---

[64] DELGADILLO GUTIÉRREZ, Luis Humberto. *Elementos de Derecho Administrativo*: Primer Curso. 2ª Ed. México: Limusa, 2003, p. 287.

[65] SANTAMARÍA PASTOR, Juan Alfonso. *Principios de Derecho Administrativo*. vol. II. 3ª Ed. Madrid: Ceura, 2002, p. 333.

Neste sentido, jamais podemos cometer o erro de considerar que se o serviço público não for prestado durante as 24 horas do dia, 365 dias por ano, estará atentando contra o princípio da continuidade; certamente nos depararemos com serviços públicos que efetivamente são ininterruptos, mas encontraremos outros que poderão estar sujeitos a horários, introduzindo assim o conceito da intermitência na prestação. Ou seja, são serviços prestados sob certas condições em determinados horários, o que de nenhuma forma atenta contra a continuidade da prestação, tal como ocorre no serviço público da iluminação pública, que opera somente quando a cidade já não recebe a luz natural do sol; ou também o serviço público de transporte, que obedece a determinados horários conforme as rotas em que for prestado.

Um exemplo claro desta intermitência é o serviço público de energia elétrica, previsto no artigo 27 da Lei do Serviço Público de Energia Elétrica,[66] que diz textualmente:

> Artigo 27. À Comissão Federal de Eletricidade não incorrerá responsabilidade por interrupções do serviço de energia elétrica motivadas:

---

[66] Publicada no DOF no dia 22 de dezembro de 1975.

PRINCÍPIOS NORTEADORES DOS SERVIÇOS PÚBLICOS

> I – Por causas de força maior ou caso fortuito;
>
> II – Pela realização de trabalhos de manutenção, reparos normais, ampliação ou modificação de suas instalações. Nestes casos, deverá mediar prévio aviso aos usuários através da mídia, ou notificação individual, tratando-se de usuários industriais servidos em alta tensão com mais de 1000 KW contratados ou prestadores de serviços públicos que necessitem da energia elétrica como insumo indispensável para prestá-los. Em todos os casos com antecedência mínima de quarenta e oito horas da data de início dos respectivos trabalhos; e
>
> III – Por defeitos nas instalações do usuário ou negligência ou culpa deste.

Ainda assim, historicamente tem se procurado restringir qualquer situação ou possibilidade que produza a interrupção na prestação do serviço; não obstante o grau atual da tecnologia é impossível a continuidade absoluta, razão pela qual a doutrina e a lei admitem validamente a intermitência já mencionada.

Em termos gerais, a doutrina tem apontado algumas exceções ao princípio da continuidade que, nas palavras de Luis Humberto Delgadillo Gutiérrez[67], podem ser:

---

[67] DELGADILLO GUTIÉRREZ, Luis Humberto. *Elementos de Derecho Administrativo*: Primer Curso. 2ª Ed. México: Limusa, 2003, pp. 287/288.

1. Limitações ou exclusão do direito a greve.

2. Execução direta por parte da administração na prestação em casos em que o serviço público for prestado mediante concessão, como no caso da requisição.

3. Sanções ao concessionário do serviço, em caso de interrupção.

4. Impossibilidade de ditarem medidas executivas contra os bens relacionados aos serviços públicos.

5.4 PRINCÍPIO DA ADAPTABILIDADE

A adaptabilidade de um serviço público consiste:

> (...) na possibilidade permanente de modificar sua regulação em aspectos relacionados ao prestador do serviço, ao usuário ou ambos, nos âmbitos administrativos, operacionais, financeiros, tecnológicos e de manutenção, visando corrigir deficiências ou aumentar a eficiência e segurança do serviço.[68]

Alejandro Ponce de León Prieto afirma:

---

[68] FERNÁNDEZ RUIZ, Jorge. *Derecho Administrativo:* Servicios Públicos. México: Porrúa 1995, p. 130.

PRINCÍPIOS NORTEADORES DOS SERVIÇOS PÚBLICOS

> Alguns administrativistas consideram, também, como caráter essencial do serviço público, a adaptabilidade ou mutabilidade de sua regulação, devido a mudanças sociais, legislativas, técnicas, econômicas, tecnológicas e a qualquer mudança que exija a adequação da prestação do serviço a uma nova realidade.[69]

Creio que é evidente para todos que o serviço público, sendo a função administrativa incumbida de satisfazer necessidades de caráter coletivo, deve modificar-se a fim de aperfeiçoar esta prestação, sem importar o critério adotado para tal mudança, que pode ser relativo à sua regulação jurídica ou atender aspectos técnicos como avanços na ciência; aspectos estratégicos ou de distribuição, para garantir que se satisfaça a necessidade coletiva. Neste caso, ampla sensibilidade será requerida por parte da Administração Pública e, especialmente, sua aproximação com os governados, a fim de que efetivamente sejam detectadas as necessidades que devem ser atendidas e, além disso, transmitidas ao legislador, quando requerida sua alteração na lei.

---

[69] PONCE DE LEÓN PRIETO, Alejandro. "Servicios Públicos Municipales" *In:* FERNÁNDEZ RUIZ, Jorge (Coord.). *Régimen Jurídico Municipal en México*. México: Porrúa, 2003, p. 262.

5.5 PRINCÍPIO DA LEGALIDADE

Apesar de a maioria dos autores não aceitar este princípio, é interessante assinalar que uma das características indispensáveis do serviço público consiste em que o serviço público deve estar previsto na lei, estabelecendo-se as condições de intervenção do prestador do serviço (seja o Estado, de forma direta, seja o particular, concessionário), bem como os direitos e obrigações dos usuários do serviço, embora admitimos que estes são requisitos inerentes ao serviço público como tal, pelo que efetivamente podemos duvidar do reconhecimento deste princípio.

Acreditamos que com base neste princípio pode ser identificada a classificação que mencionaremos mais adiante, a qual distingue os serviços públicos em próprios ou impróprios, entendidos os primeiros como aqueles cuja natureza de serviço público o legislador determinou por meio da lei; enquanto por serviços impróprios entendem-se aqueles que embora a lei não lhes confira a natureza de serviço público, preenchem os requisitos necessários para que determinada atividade seja considerada como tal. Esta opinião, de certa forma, é também sustentada pelo tratadista espanhol Ramón Parada.[70]

---

[70] *Cfr.* PARADA, Ramón. *Derecho Administrativo I:* Parte General. 13ª Ed. Madrid: Marcial Pons, 2002, p. 435.

5.6 PRINCÍPIO DA OBRIGATORIEDADE

Pelo conceito de León Duguit sobre serviço público, o Estado está obrigado à prestação do serviço público. Entretanto, a doutrina moderna, ao desqualificar a teoria deste autor (em virtude da chamada crise do serviço público, que já comentamos em linhas anteriores) rejeitou esse princípio. Todavia, outros autores como Manuel María Díez e Jorge Fernández Ruiz insistem no estabelecimento do princípio de obrigatoriedade como essencial ao serviço público, tanto é assim que Díez afirma:

> Outro caráter do serviço público é o da obrigatoriedade no sentido do dever que pesa sobre quem deve prestá-lo. A falta de prestação deve ser sancionada.[71]

No mesmo sentido manifesta-se o professor colombiano Libardo Rodríguez Rodríguez, ao destacar que:

> (...) este princípio parte da base de que os serviços públicos já não são, como se pensou em outra época, uma benevolência ou um obséquio que faz o Estado aos administrados,

---

[71] Citado por FERNÁNDEZ RUIZ, Jorge. *Derecho Administrativo: Servicios Públicos*. México: Porrúa 1995, p. 129.

mas, pelo contrário, aquele tem a obrigação de prestá-los e prestá-los bem; e estes o direito de exigir essa prestação de forma correta.[72]

Esta exigibilidade manifesta-se em virtude da obrigação do Estado e direito do administrado de receber o serviço público, seja mediante uma reclamação pela via contenciosa-administrativa ou, ainda, através de indenização em virtude de uma responsabilidade patrimonial do Estado.[73]

Por outro lado, não podemos negar que a lei, inclusive de hierarquia constitucional, estabelece a

---

[72] RODRÍGUEZ RODRIGUEZ, Libardo. *Derecho Administrativo colombiano*. México: Porrúa, 2004, p. 498.

[73] Neste caso, o Estado obriga-se perante o governado a indenizar as perdas e danos eventualmente causados em decorrência de uma atuação administrativa irregular e nos termos do parágrafo segundo do artigo 1 da LFRPE:

"[...] entende-se por atividade administrativa irregular, aquela que causar dano aos bens e direitos dos particulares que não tenham a obrigação jurídica de suportar, em virtude de não existir fundamento legal ou causa jurídica de justificação para legitimar o dano em questão."

Assim, o exemplo típico da responsabilidade patrimonial do Estado é decorrente de falha ou falta no serviço público, independentemente de ser a atuação reconhecida como ilegal ou não. Para mais leitura sobre o assunto, *Cfr.* CASTRO ESTRADA, Álvaro. *Nueva garantía constitucional:* La responsabilidad patrimonial del Estado. México: Porrúa, 2005; também, CUADROS, Oscar Álvaro. *Responsabilidad del Estado:* Fundamentos. Aplicaciones. Evolución jurisprudencial. Buenos Aires: Abeledo Perrot, 2008.

PRINCÍPIOS NORTEADORES DOS SERVIÇOS PÚBLICOS

mencionada obrigatoriedade em determinados setores, que na lei infraconstitucional já foram caracterizados como serviços públicos, como no caso do Direito à Educação, enunciado como direito fundamental estabelecido como Garantia Constitucional no artigo 3º,[74] bem como o serviço público de energia eléctrica, estabelecido no artigo 27, citando alguns deles.

---

[74] O dispositivo citado diz textualmente:

"Artigo 3º. Todo individuo tem direito à educação. O Estado – federação, estados, Distrito Federal e municípios –, proporcionará educação pré-escolar, ensino fundamental e ensino médio. A educação pré-escolar, o ensino fundamental e o ensino médio integram a educação básica obrigatória.

A educação proporcionada pelo Estado visará o desenvolvimento harmônico de todas as faculdades do ser humano, incentivando, igualmente, o amor à Pátria e a consciência da solidariedade internacional, na independência e na justiça.

***I.** Assegurada pelo artigo 24, a liberdade de crença, a mencionada educação será laica, mantendo-se, portanto, alheia a qualquer doutrina religiosa;*

***II.** O critério orientador dessa educação estará baseado nos resultados do progresso científico, lutará contra a ignorância e seus efeitos, as servidões, os fanatismos e os preconceitos.*

Além disso:

***a)** Será democrático, considerando a democracia não apenas como estrutura jurídica e regime político, mas como sistema de vida fundamentado no constante melhoramento econômico, social e cultural do povo;*

***b)** Será nacional, enquanto – sem hostilidades nem exclusivismos – atenderá a compreensão de nossos problemas, o aproveitamento de nossos recursos, a defesa de nossa independência política, a garantia de nossa independência econômica e a continuidade e enriquecimento de nossa cultura, e* *c)* *Contribuirá para uma melhor convivência humana, tanto pelos elementos que traga a fim de fortalecer no educando, junto com o apreço à dignidade da pessoa e à integridade da família, a convicção do interesse geral da sociedade, quanto pela preocupação em sustentar os ideais de fraternidade e igualdade de direitos de todos os homens, evitando os privilégios de raças, de religião, de grupos, de sexos ou de indivíduos;*

III. *Para dar pleno cumprimento ao disposto no segundo parágrafo e inciso II, o Executivo Federal determinará os planos e programas de estudo da educação pré-escolar, ensino fundamental e ensino médio e magistério para toda a República. Para tais fins, o Executivo Federal levará em consideração a opinião dos governos das entidades federativas e do Distrito Federal, bem como dos diversos setores sociais envolvidos na educação, nos termos fixados pela lei.*

IV. *Toda a educação que o Estado proporcionar será gratuita;*

V. *Além de proporcionar a educação pré-escolar, ensino fundamental e ensino médio, assinalados no primeiro parágrafo, o Estado promoverá e atenderá todos os tipos e modalidades educativos —incluindo a educação inicial e a educação superior- necessários para o desenvolvimento da nação, fomentará a pesquisa científica e tecnológica, e incentivará o fortalecimento e difusão de nossa cultura.*

VI. *Os particulares poderão prestar educação em todos seus tipos e modalidades. Nos termos que a lei estabelecer, o Estado outorgará e cancelará o reconhecimento de validade oficial aos estudos realizados em instituições particulares. No caso da educação pré-escolar, ensino fundamental, ensino médio e magistério, os particulares deverão:*

a) *Ministrar a educação observando os mesmos fins e critérios estabelecidos no segundo parágrafo e no inciso II, bem como cumprir os planos e programas referidos no inciso III, e*

b) *Obter previamente, em cada caso, expressa autorização do poder público, nos termos que a lei estabelecer;*

VII. *As universidades e as demais instituições de educação superior às que a lei outorgar autonomia terão o poder e a responsabilidade de se*

5.7 PRINCÍPIO DA PERMANÊNCIA

Com referência a este princípio, o professor argentino Manuel María Díez afirma:

> (...) o serviço público deve prestar-se na medida em que subsistam as necessidades do interesse geral a satisfazer. Se elas desaparecem ou deixam de existir, o serviço público será suprimido automaticamente, já que deixaria de existir o fundamento racional e legal que justifique sua vigência.[75]

---

autogovernar; realizarão seus fins de educar, pesquisar e difundir a cultura de acordo com os princípios deste artigo, respeitando a liberdade de cátedra e pesquisa e de livre exame e discussão das ideias; determinarão seus planos e programas; fixarão os termos de admissão, promoção e permanência de seu quadro acadêmico; e administrarão seu patrimônio. As relações de trabalho, tanto do pessoal acadêmico quanto do administrativo, serão reguladas pelo item A do artigo 123 desta Constituição, nos termos e sob a forma que Lei Federal do Trabalho estabelecer, conforme as características próprias de um trabalho especial, de modo que estejam em concordância com a autonomia, a liberdade de cátedra e pesquisa e os fins das instituições referidas neste dispositivo, e

VIII. *O Congresso da União, no intuito de unificar e coordenar a educação em toda a República expedirá as leis necessárias para distribuir a função social educativa entre a Federação, os Estados e os Municípios, fixar as dotações econômicas referentes a esse serviço público e determinar as sanções aplicáveis aos funcionários que não cumpram ou não façam cumprir as disposições pertinentes, bem como a todos aqueles que as infrinjam"*

[75] Citado por FERNÁNDEZ RUIZ, Jorge. *Derecho Administrativo: Servicios Públicos*. México: Porrúa, 1995, p. 129.

Não obstante existam doutrinários que identifiquem o princípio de permanência com o da continuidade, e inclusive outros com o da obrigatoriedade, podendo, inclusive, em uma primeira impressão confundir-se com o princípio da adaptabilidade, coincidimos com a opinião de Jorge Fernández Ruiz quando afirma que o primeiro dos citados princípios se refere à existência como tal do serviço, pois no momento em que determinado serviço deixe de ser uma satisfação de necessidade coletiva, este deve desaparecer, não havendo motivo para o Estado suportar esta carga. Da mesma forma, em contrapartida, enquanto persistir uma necessidade de caráter geral ou coletiva, o Estado tem a obrigação de satisfazê-la, e praticamente a única forma de fazê-lo é mediante a prestação do serviço público.

5.8 PRINCÍPIO DA GRATUIDADE

Provavelmente um dos princípios mais discutidos, não só nos serviços públicos, mas em diversas áreas do Direito Administrativo, tendo em vista suas características tão peculiares e a brevidade com que foi estudado este conceito.

Devemos partir da ideia de que os serviços públicos, dada sua característica de atender a uma necessidade coletiva e essencial para o indivíduo, são usufruídos sem pagamento algum por parte do usuário, tal como no caso do ensino fundamental prestado de forma direta pelo Estado, o que não ocorre com o ensino superior, tema tão discutido recentemente, em razão da famosa greve de estudantes da "Universidade Nacional Autônoma do México", apesar de nosso Tribunal Superior já haver se pronunciado a respeito, como se desprende da seguinte jurisprudência:

> *"UNIVERSIDADES AUTÔNOMAS. NÃO EXISTE NORMA DA CONSTITUIÇÃO QUE ESTABELEÇA O DIREITO DE SE INSCREVER NELAS SEM PAGAMENTO ALGUM. – Para que se proceda ao juízo de amparo é indispensável a demonstração de que existe interesse jurídico, por isso não pode ser entendido como qualquer interesse de uma pessoa ou grupo, mas somente aquele que se encontra legitimamente protegido, ou seja, que está amparado por uma norma jurídica; de acordo com este entendimento, se alegada a inconstitucionalidade de uma lei, deve estar presente, como requisito prévio para admitir-se o juízo, que o direito supostamente vulnerado por essa lei esteja garantido pela própria Constituição. Sendo assim, se invocada a Lei Orgânica de uma universidade autônoma, porquanto em alguns de seus preceitos são estabelecidos pagamentos para inscrição e graduação, para que uma pessoa possa ser admitida e frequentar os respectivos cursos, seria indispensável que no próprio texto fundamental fosse assegurado o direito de todo governado*

de realizar de forma gratuita estudos universitários, o que não ocorre em nosso sistema jurídico, pois em nenhum dos dispositivos constitucionais está prevista essa prerrogativa. O artigo 3, que regula o sistema educativo nacional, no texto anterior ao vigente, concorda essencialmente com o atual, prevê no item VII (atual IV), que toda a educação oferecida pelo Estado será gratuita, hipótese diversa à prevista no então item VIII (atual VII), que assinalava as bases da educação nas universidades e demais instituições de educação superior às quais a lei outorgue autonomia, a respeito das quais determina, entre outras regras, "que terão o poder de se autogovernar, estabelecerão seus planos e programas e administrarão seu patrimônio", onde se constata que são alheias às hipóteses do inciso anterior, que se restringe aos estabelecimentos que diretamente opera o Estado por meio da repartição governamental que tem essa função dentro de suas atribuições. Por conseguinte, carecem de interesse jurídico para promover o juízo de amparo em face de uma lei como a que foi citada, as pessoas que se consideram prejudicadas, acreditando ter a prerrogativa constitucional de ser indevida a cobrança de qualquer contraprestação pecuniária por parte das universidades autônomas".[76]

Assim, quando nos referimos às contribuições que o Estado tem direito a receber, mencionando

---

[76] *Tese 3ª. XXXI/94*, emitida pela extinta Terceira Sala da SCJN, Oitava Época, SJF, Tomo XIII, Junho de 1994, p. 248

PRINCÍPIOS NORTEADORES DOS SERVIÇOS PÚBLICOS

especificamente o pagamento de Direitos,[77] que nos termos do Código Fiscal da Federação são as receitas auferidas pelo Estado como contraprestação de um serviço, e mesmo que o serviço como tal seja considerado oneroso, em virtude de que efetivamente o usuário deve pagar uma quantia como contraprestação pela recepção do serviço, não há violação do princípio de gratuidade, pois se entende que o Estado age sem intuito de lucro e unicamente estaria cobrando o necessário para cobrir suas próprias despesas.

Igualmente, quando nos referimos aos serviços públicos prestados indiretamente, ou seja, por meio de particular, é evidente que este último não o faz de modo altruísta, mas visando lucro na obtenção da concessão ou respectiva permissão (como no caso do serviço público de transporte rodoviário), e, nessas

---

[77] O Código Fiscal da Federação, define os direitos como segue:

"Artigo 2º As contribuições classificam-se em impostos, recolhimentos à seguridade social, contribuições de melhoria e direitos, definidos da seguinte forma:

I (...)

IV – Direitos são as contribuições estabelecidas na Lei pelo uso ou aproveitamento dos bens de domínio público da Nação, bem como por receber serviços que presta o Estado em suas funções de Direito Público, salvo quando prestados por organismos descentralizados ou órgãos desconcentrados quando neste último caso se trate de contraprestações que não estejam previstas na Lei Federal de Direitos. Também são direitos as contribuições a cargo dos órgãos públicos descentralizados por prestar serviços exclusivos do Estado."

condições, evidentemente o serviço público não obedece de nenhuma forma o princípio da gratuidade. Todavia, o Estado faz uma intervenção direta nesse sentido para estabelecer um freio ou limite ao lucro do particular, ao fixar tarifas ou preços pela fruição do serviço, mediante regulações com base no Direito Privado, o que sujeita o concessionário a disposições de Direito Público, a fim de ter condições de fiscalizar e regular a prestação dos serviços públicos. Este ponto é claramente ilustrado pelos seguintes critérios jurisprudenciais.

> *DIREITOS POR SERVIÇOS. SUBSISTE A CORRELAÇÃO ENTRE O CUSTO DO SERVIÇO PÚBLICO PRESTADO E O VALOR DA RETRIBUIÇÃO PECUNIÁRIA. Não obstante que a legislação fiscal federal que vigora atualmente defina os pagamentos por serviços como contribuições estabelecidas na lei pelos serviços prestados pelo Estado no exercício de suas funções de Direito Público, alterando o disposto no Código Fiscal da Federação de 30 de dezembro de 1966, cujo artigo 3º definia como "as contraprestações estabelecidas pelo poder público, conforme a lei, como pagamento de um serviço", o que implicou a supressão do termo "contraprestação", conclui-se que subsiste a correlação entre o custo do serviço público prestado e o valor da retribuição pecuniária, já que entre eles continua existindo uma íntima*

relação, a tal ponto que são interdependentes, pois dita contribuição encontra seu fato gerador na prestação do serviço. Assim, sendo tais características as que distinguem este tributo das demais contribuições, para que cumpra com os princípios de equidade e proporcionalidade conforme dispõe o inciso IV do artigo 31 da Constituição, deve existir um razoável equilíbrio entre a retribuição pecuniária e a prestação do serviço, devendo ter o mesmo tratamento fiscal os que recebem o mesmo serviço. Isso leva a reiterar, fundamentalmente, os critérios que esta Suprema Corte já havia estabelecido conforme a legislação fiscal anterior, no sentido de que a edição de normas que determinem o valor do tributo, atendendo ao capital do contribuinte ou qualquer outro elemento que demonstre sua capacidade contributiva, pode ser correto tratando-se de imposto, mas não de direitos, nos quais deve se levar em consideração ordinariamente o custo suportado pelo Estado para executar o serviço; e que a correspondência entre ambos termos não deve ser entendida como em Direito Privado, de maneira que o preço corresponda exatamente ao valor do serviço prestado, pois os serviços públicos organizam-se em função do interesse geral e só secundariamente dos particulares.[78]

DIREITOS, O INCISO IV DO ARTIGO 31 DA CONSTITUIÇÃO, ABRANGE

---

[78] *Tese jurisprudencial 3/1998*, Nona Época, SJFeG, Tomo VII, Janeiro de 1998, p. 42.

TAMBÉM A PROPORCIONALIDADE E A EQUIDADE DOS. - *Mesmo que existam alguns direitos gerados de forma potestativa pelos causantes, como no caso da educação superior, ou aquela que o Estado não proporciona gratuitamente, e outros cujo fato gerador não fica ao arbítrio dos particulares, como quando estes se vem obrigados a utilizar um serviço público como o que se presta com o fim de garantir a segurança pública, a certeza dos direitos, a urbanização da localidade, a higiene do trabalho, a salubridade pública, etc., em todos esses casos os direitos estão compreendidos no inciso IV do artigo 31 da Constituição Federal, ainda que a proporcionalidade e a equidade dos direitos não tenham igual conotação à da proporcionalidade e equidade dos impostos.*[79]

---

[79] *Tese Isolada*. Plenário da SCJN, Sétima Época, SJF, Primeira Parte, Volume 59, p. 41.

6
divisão e classificação dos serviços públicos

6.1 DIVISÃO DOS SERVIÇOS PÚBLICOS

Tal como se refere Jorge Fernández Ruiz, ao estudar a classificação dos serviços públicos, que obedece a diversos critérios como se verá mais adiante, devemos partir de uma divisão dessa atividade. Este autor separa a atividade em duas grandes categorias, como já mencionamos nos parágrafos anteriores: os serviços públicos próprios e os serviços públicos impróprios.

> Entende-se por serviço público "próprio" ou "propriamente dito", o que satisfaz necessidades de caráter geral, e que é prestado pelo

Estado ou pelo Município, seja diretamente por meio de seus órgãos centrais de governo ou mediante a chamada administração paraestatal ou paramunicipal, ou seja, indiretamente, através de particulares aos quais se delega a prestação do serviço (...). Na prática adverte-se que não existe mais serviço público propriamente dito, ou seja, serviço público próprio, tal como aquele determinado pela lei, porque como disse Jèze: são única e exclusivamente serviços públicos aquelas necessidades de interesse geral que os governantes em certo país e em uma época determinada decidiram satisfazer pelo procedimento do serviço público. Somente importa considerar a intenção dos governantes. A opinião dos tratadistas carece de interesse. O critério pessoal do jurista não depende da constatação se o legislador procedeu ou não acertadamente (...) o serviço público é uma criação artificial do legislador, sendo o único que pode instituí-lo e outorgar discricionariamente esse caráter a uma atividade qualquer.[80]

Nessas condições, simplesmente podemos concluir que os serviços públicos próprios são aquelas atividades dentro da função administrativa, às quais o

---

[80] FERNÁNDEZ RUIZ, Jorge. *Derecho Administrativo:* Servicios Públicos. México: Porrúa, 1995, pp. 87/88.

legislador, seja por capricho ou por razões políticas, sociais ou econômicas, decidiu outorgar o caráter de serviço público, em virtude de considerá-los como atividade dirigida à satisfação de um interesse coletivo.

Doutro lado, quando nos referimos aos serviços públicos impróprios, em princípio seguimos o pensamento do mestre argentino Rafael Bielsa, ao afirmar que:

> Serviços públicos impróprios são aqueles que têm em comum com os próprios a satisfação, de forma mais ou menos contínua, de necessidades coletivas, não sendo o Estado, entretanto, quem os presta nem os concede... Não se trata, assim, de uma condição ou distinção dependente da natureza ou técnica do serviço, posto que no momento que o Estado julga chegado o momento de prestar diretamente ou por concessão um serviço público até então impróprio – por considerar que tal serviço é de necessidade geral-, isso só já o torna próprio.[81]

Neste sentido, declarou Jorge Fernández Ruiz quando afirma que o serviço público impróprio (que outros autores denominam como serviço público

---

[81] Citado por FERNÁNDEZ RUIZ, Jorge. *Derecho Administrativo: Servicios Públicos*. México: Porrúa, 1995, p. 89.

virtual) trata-se de uma atividade privada que decorre de uma permissão ou autorização outorgada por autoridade administrativa competente que libera o exercício de um direito individual limitado. A esse respeito, Ramón Parada sentencia, atribuindo este fenômeno à *public utilities* do direito anglo-saxão:

> Assim também os serviços públicos monopolistas em regime de concessão a empresas públicas ou de economia mista são objeto de privatização material, total ou parcial (telefonia, transporte aéreo e marítimo, refino e distribuição de carburantes, energia elétrica, transporte ferroviário, correios). Sua atividade foi aberta a diversos operadores em regime de livre concorrência, sendo criadas em algumas ocasiões, entidades reguladoras específicas. Já não mais serviços públicos, mas atividades privadas reguladas, esta é a nova consigna. Todavia, nessas regulamentações, já de atividades privadas, permanecem traços inequívocos do regime de serviço público como a obrigação de prestar o serviço em caráter universal ou a limitação do número de operadores (do monopólio ao oligopólio).[82]

---

[82] PARADA, Ramón. *Derecho Administrativo I*: Parte General. 13ª Ed. Madrid: Marcial Pons, 2002, p. 425.

DIVISÃO E CLASSIFICAÇÃO DOS SERVIÇOS PÚBLICOS

E continua o citado autor:

> À vista do exposto, pode-se concluir que a especificidade do regime das atividades regulamentadas ou serviços públicos impróprios e o novo modelo derivado da privatização, recentemente operado para determinados serviços públicos econômicos (telecomunicações, energia, transporte, correios, etc.), em relação ao serviço público tradicional, consiste em que medida a satisfação de necessidades gerais se remete à atividade privada (princípio da subsidiariedade), situação sujeita a uma forte intervenção administrativa com repúdio, em todo caso, ao monopólio; uma técnica que o liberalismo do século XIX aceitou com naturalidade e que o neoliberalismo condena e sataniza onde for possível, como contrário à livre concorrência, o primeiro mandamento do mercado. Em última análise, do monopólio ao oligopólio, essa é a diferença essencial.[83]

No caso do México, os serviços públicos próprios, conforme já apontamos, são considerados como tais por força de uma disposição contida na lei, que poderá variar no âmbito federal bem como

---

[83] PARADA, Ramón. *Derecho Administrativo I:* Parte General. 13ª Ed. Madrid: Marcial Pons, 2002, p. 455.

em disposições que marquem as diferentes constituições das Entidades Federativas, encontrando assim uma ampla gama de serviços públicos próprios e impróprios.

6.2 CLASSIFICAÇÃO DOS SERVIÇOS PÚBLICOS[84]

Existem vários critérios adotados pelos distintos tratadistas para classificar os serviços públicos. Explicaremos brevemente os que consideramos mais importantes. Estes critérios são:

a) Quanto às características dos usuários;

b) Quanto ao exercício da autoridade;

c) Em função de seu aproveitamento;

d) Em função de sua importância;

e) Quanto à natureza da necessidade;

f) Em função de sua cobrança;

g) Em função da concorrência econômica;

h) Quanto à titularidade ou jurisdição do serviço; e,

i) Em função do prestador do serviço.

---

[84] Tomando como base FERNÁNDEZ RUIZ, Jorge. *Derecho Administrativo:* Servicios Públicos. México: Porrúa, 1995.

DIVISÃO E CLASSIFICAÇÃO DOS SERVIÇOS PÚBLICOS

6.2.1 Quanto às características dos usuários

Este é um dos critérios mais antigos para classificar os serviços públicos, no qual se adota como parâmetro se os usuários são determinados ou indeterminados; nessas condições o serviço público será *uti singuli* ou *uti universi*.

Quando falamos de um serviço *uti singuli*, significa que o serviço público tem um usuário determinado e claramente identificado, ou seja, o serviço é prestado a pessoas específicas. Como exemplos desse tipo de serviços mencionamos o fornecimento de energia elétrica e de água potável.

Em contraposição, os serviços públicos *uti universi*, são aqueles nos quais é impossível determinar os usuários, isto é, o serviço é prestado de forma genérica, em benefício da população em geral, não sendo possível fazer uma individualização; claros exemplos são o serviço público de trânsito ou o serviço de iluminação pública.

6.2.2 Quanto ao exercício da autoridade

Claramente identificamos a gestão pública e a *gestão privada*, referindo-nos a primeira como aqueles casos em que é indispensável que a prestação do serviço seja realizada por uma entidade de Direito

Público e que em termos gerais podemos identificá-la com a prestação direta dos serviços públicos.

Por outro lado, a *gestão privada* dos serviços públicos não implica intervenção da autoridade administrativa na prestação dos serviços, como ocorre no caso das telecomunicações, o que não quer dizer de nenhuma forma que o Estado não regule a atividade.

6.2.3 Em função de seu aproveitamento

Quando o usuário usufruir de um serviço público sem nenhuma espécie de coação, estamos diante de um serviço *voluntário*, também denominado *facultativo*, como no caso dos correios; enquanto que, quando o serviço público deva ser utilizado, como a educação primária, estaremos frente a um serviço obrigatório.

6.2.4 Em função de sua importância

Embora esta classificação seja passível de interpretação e apreciações pessoais, julgando o leitor a propriedade deste critério, podemos distinguir três tipos de serviços: *(i)* indispensáveis; *(ii)* secundários; e, *(iii)* supérfluos.

Na hipótese dos serviços públicos *indispensáveis*, referimo-nos àqueles serviços, sejam gerais ou individuais, de gestão pública ou privada, considerados como atividades que satisfazem necessidades inerentes ao ser humano e à coletividade, tais como segurança pública, água potável, mercados e centrais de abastecimento, para citar alguns.

Os serviços públicos *secundários* são aqueles elementos adicionais ou que estão além dos padrões de prestação; por exemplo, tratando-se de telecomunicação, quando seja utilizada a televisão a cabo, ou melhor, quando em lugar de recorrer a um transporte coletivo se opte por um transporte de luxo.

Finalmente, com os considerados serviços *supérfluos*, aludimos àqueles serviços públicos impropriamente ditos que atendem geralmente às necessidades de lazer e diversão, por exemplo, espetáculos esportivos, que conforme o sistema jurídico mexicano poderíamos, sem sombra de dúvidas, considerar como serviços públicos.

6.2.5 Quanto à natureza da necessidade

Já mencionamos no parágrafo correspondente os princípios norteadores dos serviços públicos, com relação ao princípio de continuidade, que os serviços públicos não devem sofrer interrupção. No entanto, dependendo de suas características essenciais, não significa necessariamente que a prestação ocorra

24 horas por dia, 365 dias por ano. Acolhendo esta ideia, constatamos que os serviços públicos poderão ser: a) constantes, b) cotidianos, c) intermitentes ou d) esporádicos.

Um serviço público *constante* é aquele que efetivamente se presta durante vinte e quatro horas por dia, como a segurança pública, o fornecimento de energia elétrica (embora a lei admita exceções) e o tráfego, para citar alguns.

Quando expressamos que o serviço público é *cotidiano*, nos referimos a aquele cuja prestação é diária, mas está submetida a horários predeterminados, seja por lei, regulamento, ou simplesmente condições técnico-práticas para sua prestação. Constituem claros exemplos o transporte público e a iluminação pública.

Em outra ordem de ideias, quando o serviço público é prestado, não durante todo o ano, mas em certos dias e períodos determinados (admitamos que se suspende por disposição da lei em função de feriados), dizemos que o serviço público é *intermitente*, serve-nos como exemplo o serviço de educação.

Finalmente, será considerado serviço público *esporádico* aquele que, não obstante oferecido de modo permanente, será prestado sob certas condições de necessidade, como no caso da proteção civil, que age

DIVISÃO E CLASSIFICAÇÃO DOS SERVIÇOS PÚBLICOS

em situações de emergência ou resgate, ou quando ocorrem campanhas de vacinação, entre outros.

6.2.6 Em função de sua cobrança

Da mesma forma, mencionamos anteriormente o princípio de gratuidade que rege a prestação dos serviços públicos e também explicamos que este princípio não necessariamente é aplicável a todos os casos. Assim, temos serviços públicos *gratuitos,* quando a atividade é realizada sem nenhum pagamento por parte do particular, ou então, quando o pagamento efetuado pelos governados ocorre como contraprestação direta do serviço, sem intenção de lucro por parte do prestador do serviço. Por outro lado, temos os serviços públicos *onerosos,* nos quais o particular vê-se obrigado a realizar um pagamento para usufruir do serviço, ainda que submetido a tarifas prefixadas pela Administração ou pelo Legislador, que identificaremos geralmente pela intenção de lucro por parte do prestador.

6.2.7 Em função da concorrência econômica

Neste caso, o critério para classificar o serviço público leva em consideração os prestadores do serviço, isto é, se se trata apenas de um, alguns poucos prestadores ou se estamos diante de um mercado aberto.

Neste sentido, teremos, em primeiro lugar, um *regime de monopólio* quando o prestador do serviço é único, como no caso dos serviços públicos de correios e telégrafos, ou fornecimento de energia elétrica, onde a única oferta provém de um único órgão descentralizado como a Comissão Federal de Eletricidade.

De outro modo, o *regime de oligopólio*, que autores como Ramón Parada identificaram claramente, configura-se quando a oferta é restrita a alguns poucos prestadores, como seria o caso do serviço de bancos, telefonia convencional ou celular, e mesmo a televisão aberta.

Por último, o *regime da livre concorrência*, que permite uma prestação aberta a um mercado de concorrência entre os prestadores, como seria o caso dos carregadores de bagagem, serviço de táxis (considerado como serviço público no Distrito Federal do México) e serviço de fornecimento de leite (considerado como tal pela legislação espanhola), regulado pelas leis da oferta e da procura, ainda que o Estado possa fixar as tarifas mínimas e máximas.

6.2.8 Quanto à titularidade ou jurisdição do serviço

Quando falamos da instância governamental que presta o serviço, evidentemente temos que nos

DIVISÃO E CLASSIFICAÇÃO DOS SERVIÇOS PÚBLICOS

referir aos níveis de governo, e nessas condições, verificamos que existem serviços públicos *federais* (também denominados serviços públicos gerais), ou seja, aqueles reservados à Federação pela Constituição Geral ou pelas leis secundárias; *estaduais* (tratadistas como Fernández Ruiz os denominam Regionais), os quais serão prestados por exclusão da Federação e municípios, nos termos do artigo 124 da Constituição,[85] ou por disposição expressa de suas constituições locais; serviços públicos *municipais*, que encontram suas bases no inciso III do artigo 115 da Constituição, os quais podem ser atribuídos por diversas constituições locais, como no caso previsto no inciso V do artigo 79 da Constituição Política do Estado Livre e Soberano de Jalisco, que estabelece como serviço público municipal os de estacionamentos; e por último, temos os serviços públicos concorrentes, onde podem coincidir a Federação, os estados e os municípios, nos termos da lei, como ocorre na prestação da Segurança Pública[86] (tema para o qual reservamos

---

[85] O citado dispositivo aplica-se em função de sua interpretação, pois não obstante se refira aos funcionários, estende-se à entidade pública como tal. O artigo diz textualmente:

"*Artigo 124. Os poderes que não concedidos expressamente por esta Constituição aos funcionários federais, entendem-se reservados aos Estados.*"

[86] O inciso h) do parágrafo III, do Artigo 115 da Constituição estabelece que o Serviço de Segurança Pública, será prestado nos

um capítulo), Saúde ou Rodovias e Pontes, onde se atua de forma coordenada.

6.2.9 Em função do prestador do serviço

O prestador do serviço público pode ser um ente de Direito Público, um ente de Direito Privado, ou ainda, sob uma concepção moderna, podemos também incluir entre os entes de Direito social.

Quando o prestador do serviço público é um *ente de Direito Público*, podemos afirmar que existem várias formas sob as quais pode ser apresentado, unidas com a denominada administração estática, e que, com base nas modalidades expostas pelo mestre espanhol Fernando Garrido Falla, identificamos como segue:

1. Gestão indiferenciada sem órgão especial, que identificamos como a prestação do serviço por parte da administração pública centralizada.

---

termos do artigo 21 do texto da Constituição; e, especificamente, nos reportamos ao disposto no parágrafo sexto do citado artigo, que literalmente expressa:

"Artigo 21.

(...)

A segurança pública é una função a cargo da Federação, do Distrito Federal, dos Estados e dos Municípios, nas respectivas competências previstas por esta Constituição. A atuação das instituições policiais será regida pelos princípios de legalidade, eficiência, profissionalismo e honestidade."

DIVISÃO E CLASSIFICAÇÃO DOS SERVIÇOS PÚBLICOS

2. Estabelecimento ou empresa própria sem personalidade, sendo um conceito próprio do Direito Administrativo francês, como aquelas *"(...) pessoas públicas que dispõem de certa autonomia, tendo incumbência administrativa e/ou uma atividade industrial e comercial. Afastam-se do Direito Público e estão sujeitos à competência das jurisdições administrativas"*.[87]

3. Como serviço público personificado, que identificamos pela descentralização administrativa por serviço específico, encontrando claros exemplos na legislação mexicana, como a Comissão Federal de Eletricidade para o fornecimento de energia elétrica, ou também o Instituto Mexicano do Seguro Social, para a prestação do serviço público de Saúde.

4. Na forma de sociedade privada, referida à constituição de pessoas jurídicas com participação majoritária do Estado, nos termos da Lei Federal das Entidades Paraestatais.[88]

5. Finalmente, e de forma muito acertada, Jorge Fernández Ruiz aponta que seria necessário incluir neste caso os fideicomissos públicos, que o citado autor espanhol nunca previu, mas que de fato,

---

[87] MAURIN, André. *Derecho Administrativo francés*, Porrúa, México, 2004, pp. 97/98.

[88] Publicada no *Diário Oficial da Federação* no dia 14 de maio de 1986.

e nos termos da lei, foram instituídos para o fim de assegurar a prestação do serviço público, como no caso do Fideicomisso de Resgate em Estradas.

De outra forma, quando o prestador do serviço público for um *ente de Direito Privado*, estaremos então falando da gestão indireta dos serviços públicos, que podem ficar a cargo de uma pessoa física ou de uma pessoa jurídica, sem importar qual seja a figura jurídica utilizada para tal fim. Ou seja, nos termos da respectiva legislação, podemos estar diante de uma concessão, uma permissão, uma autorização ou licença, conforme for o caso.

Finalmente, quando identificarmos o prestador do serviço público como um *ente de Direito social*, cujo ramo, no entanto, não foi totalmente aceito pela doutrina moderna, sendo geralmente identificado dentro de outros ramos do Direito Público (a constituição de sindicatos como meio de assegurar o respeito aos direitos trabalhistas dos trabalhadores; ou ainda as Sociedades de Produção Rural) ou Privado (Sociedades Cooperativas ou a interessante e pouco estudada Sociedade de Solidariedade Social), mas que, de todas as formas, chegam a substituir o Estado como prestador de serviços sejam como seus sócios, associados ou título semelhante.

7
as relações jurídico-administrativas na prestação dos serviços públicos

É evidente que na prestação dos serviços públicos estão presentes diversas relações jurídico-administrativas, seja entre o prestador (direto ou indireto) e o usuário do serviço público, seja também nas relações jurídico-administrativas entre a Administração Pública e o concessionário, quando este último substitui o Estado na prestação do serviço.

Em uma primeira etapa nos dedicaremos a tecer alguns comentários relativos à relação jurídico-administrativa entre o Estado e o concessionário como prestador do serviço público. Em seguida, faremos o mesmo quanto à relação jurídico-administrativa prestacional, ou seja, entre o prestador do serviço e o seu usuário.

7.1 A CONCESSÃO DE SERVIÇOS PÚBLICOS

Para Alfonso Nava Negrete a concessão é:

> (...) um ato que confere ao particular, denominado concessionário, o direito de prestar um serviço público ou explorar um bem de propriedade do Estado, com uma contraprestação em favor deste.[89]

Sem estender-nos muito neste ponto, a concessão de um serviço público consiste na criação de um direito em favor de um particular para que este, em substituição do primeiro, preste um serviço público, em troca de uma contraprestação em dinheiro ou em espécie, regulado sob as normas de Direito Público.

Não podemos deixar de observar que, pelo menos no âmbito nacional, o conceito de concessão

---

[89] NAVA NEGRETE, Alfonso. *Derecho Administrativo Mexicano*. 2ª Ed. México: Fondo de Cultura Económica, 2001, p. 383.

nem sempre foi unívoco, uma vez que frequentemente se identifica com um contrato,[90] ou ainda, com o documento (em sentido estrito) que consagra a concessão (título[91]) ou com um ato administrativo especial, sendo esta última a postura com a qual concordamos.

Complementando a citação anterior, Miguel Acosta Romero assinala:

> O conceito de concessão tem apresentado diversas variantes, tanto na doutrina, quanto na prática administrativa dos Estados (...) varia de acordo com as tendências que possam ser apreciadas na atividade do Estado; em um estado liberal, a concessão aparecerá como um contrato, e outorgará ao particular determinados privilégios, em um Estado intervencionista, ou em um Estado tendente ao socialismo, a concessão não será um contrato, mas um ato administrativo e paulatinamente será restrito o regime de concessão para que o Estado se encarregue de atividades que em outros Estados e em outras

---

[90] *Cfr.* MATILLA CORREA, Andry. *Introducción al régimen jurídico de las concesiones administrativas en Cuba*. La Habana: Centro de Estudios de Administración Pública, Universidad de La Habana, 2009, pp. 101-122.

[91] *Cfr.* Inciso XIII do artigo 3º da Lei de Águas Nacionais, publicada no DOF no dia 1 de dezembro de 1992.

épocas eram reconhecidas como parte da esfera de atividade dos particulares.[92]

Além disso, observamos que a figura da concessão também tem sido confundida, não em poucas ocasiões, com outras instituições de Direito Administrativo, como a autorização, a licença e a permissão que, no entanto, são figuras completamente diferentes; mesmo a partir de uma perspectiva semântica, o legislador, não só o mexicano, tem feito uso indiscriminado e indiferenciado quanto à precisão terminológica destas figuras.[93]

Sem desviar-nos muito do tema da concessão, por si próprio objeto de um estudo diverso do aqui apresentado, basta lembrar que na legislação mexicana, do parágrafo quarto do artigo 28 da Constituição, depreende-se a base da concessão de serviços públicos,[94] e mesmo insistindo na confusão em que foi

---

[92] ROMERO, Miguel Acosta. *Teoría General del Derecho Administrativo*.14ª Ed. México: Porrúa, 1999, p. 920.

[93] A fortiori, *Cfr.* RIVERA, Luis José Béjar. "Evolución Histórica de la concesión administrativa en México". *In*: RUIZ, Jorge Fernandez (coord.). *El Derecho en México*: Dos siglos. Tomo III: Direito Administrativo. México: Porrúa, 2010.

[94] O parágrafo comentado aponta em seu texto:

"Artigo 28.

(...)

incorrido, tanto pelo uso indiscriminado dado pelo legislador a esta figura, quanto pelos mesmos órgãos judiciais,[95] pelos quais ela funciona, está amplamente

---

Não constituirão monopólios as funções que o Estado exercer de forma exclusiva nas seguintes áreas estratégicas: correios, telégrafos e radiotelegrafia; petróleo e os demais hidrocarbonetos; petroquímica básica; minerais radioativos e geração de energia nuclear; eletricidade e as atividades expressamente previstas nas leis proclamadas pelo Congresso da União. A comunicação via satélite e o transporte ferroviário são áreas prioritárias para o desenvolvimento nacional, nos termos do artigo 25 desta Constituição; o Estado, ao exercer sobre elas sua reitoria, protegerá a segurança e soberania da Nação, e ao outorgar concessões ou permissões manterá ou estabelecerá o domínio das respectivas vias de comunicação, de acordo com a legislação sobre a matéria."

[95] Basta como exemplo a jurisprudência P./J. 67/2007, emitida pelo Pleno, Nona Época, SJFeG, Tomo XXVI, Dezembro de 2007, p. 1085, a qual expressa em seu texto:

"RÁDIO E TELEVISÃO. DIFERENÇAS ENTRE CONCESSÃO E PERMISSÃO À LUZ DA LEI FEDERAL RELATIVA. A doutrina distingue a concessão da autorização ou permissão ao catalogar aquela como o ato pelo qual se concede a um particular o direito de prestar um serviço público ou explorar e aproveitar um bem do domínio público da Federação, isto é, a concessão cria um direito em favor do particular concessionário que antes não possuía, enquanto que através da autorização ou permissão somente se permite o exercício de um direito preexistente do particular, em virtude de que não corresponde ao Estado o poder de realizar a atividade, ou seja, retira-se somente o obstáculo que impedia aquele de exercer seu direito. Entretanto, a Lei Federal de Rádio e Televisão não utiliza os conceitos de concessão e permissão com as diferenças próprias que a doutrina costuma atribuir-lhes, mas de acordo com o uso comercial ou não das estações de rádio e televisão, não obstante uns e outras usufruem de

difundida no direito mexicano e constitui um instrumento útil para a participação dos particulares na vida pública.

Complementando o acima exposto, os mestres espanhóis Eduardo García de Enterría e Tomás-Ramón Fernández assinalam:

> A concessão, com efeito, permite: primeiro, escolher os sujeitos mais capazes ou com maiores garantias para que a atividade indicada seja cumprida na forma que melhor convenha ao interesse público; segundo, definir previamente e de modo bem delimitado o conteúdo das faculdades de exercício que são transmitidas, em função do objetivo social visado; terceiro, impor, concomitantemente, esse exercício de forma forçosa, de modo a eliminar a possibilidade do não exercício, quando for julgado contrário ao interesse geral, tudo sob a fiscalização administrativa; e, por fim, reservar a possibilidade de uma caducidade dos direitos outorgados, ou de resgatar os mesmos, ou de rever o

---

um bem do domínio público, como o do espectro radioelétrico para um uso determinado. Assim, o artigo 13, segundo parágrafo, da citada Lei, estabelece que as estações comerciais requerem concessão, enquanto que as oficiais, culturais, de experimentação, escolas radiofónicas ou as que estabeleçam as entidades e organismos públicos para o cumprimento de seus fins e serviços requerem permissão."

prazo estabelecido, em virtude de uma titularidade remanescente e última que permanece na Administração, a partir da qual é realizado e sustentado todo o processo interventor descrito, e possa recuperar a plenitude de faculdades, visando uma exploração direta ulterior pela própria Administração ou uma nova distribuição da concessão em favor de novos titulares.[96]

Certamente, onde esta figura apresenta menos é, sem dúvida, no âmbito municipal. Assim, o artigo 115, inciso III estabelece quais as atividades consideradas serviços públicos municipais, e determina que para prestação dos serviços públicos, sem prejuízo desta reserva da Constituição, será obedecido o disposto nas leis federais e estaduais.

Pois bem, tentar elaborar um catálogo das disposições legais no âmbito municipal que consagram a concessão de serviços públicos nos exigiria um exercício interminável, pelo que basta dizer, como regra geral, que os serviços públicos são passíveis de concessão aos particulares, ou seja, é viável, mediante concessão, recorrer à prestação indireta do serviço.

---

[96] GARCÍA DE ENTERRÍA, Eduardo; FERNÁNDEZ, Tomás-Ramón. *Curso de Derecho Administrativo*. Tomo II, 7ª Ed. Madrid: Civitas, 2000, p. 148.

A teoria nos diria que a concessão, sendo um ato discricionário da autoridade administrativa, para a outorga da concessão de um serviço público deve considerar alguns fatores:

1. Sua capacidade para cumprir plenamente com a atividade exigida, isto é, se pode com seus próprios meios assegurar a prestação do serviço público de acordo com os princípios que o regem. O Estado, em princípio, recorre à concessão somente quando não está em condições de cumprir com o mandamento legal.

2. A oportunidade, tanto em sentido material, quanto político e social. Quer dizer, a autoridade para determinar a factibilidade de uma concessão, deve determinar se será bem recebida pelos governados, e se efetivamente existem sujeitos com capacidade para assumir a obrigação.

Neste mesmo sentido, é parte do exercício de planejamento no momento de licitar a prestação de um serviço público.

3. Juridicamente falando, a parte concedente deve levar em consideração que ao outorgar a concessão da prestação de um serviço público não se abstém dele, mas, ao contrário, torna-se fiscalizadora da correta prestação desse serviço, não só mediante o estabelecimento de tarifas ou direitos na cobrança,

mas também exercendo concomitantemente o controle administrativo, a fim de que seja efetivamente cumprido o disposto no artigo 28 da Constituição e não ocorra qualqiuer prejuízo ao interesse geral.

Todavia, como em qualquer ato administrativo constitutivo, origina-se uma série de direitos em favor do concessionário e do concedente.

Os direitos que nascem da relação jurídico-administrativa da concessão dependerão, então, do objeto formal da concessão; tratando-se de serviços públicos, surge o direito para o concessionário de prestar o serviço e ser remunerado economicamente por isto, nos termos que o próprio título de concessão estabelecer, ou seja, a autoridade administrativa sempre determinará as condições econômicas, isto é, as tarifas, taxas ou direitos que poderá receber o concessionário por parte do usuário pela prestação do serviço.

A par dos direitos surgem as obrigações, que neste caso se traduzem em uma série de ações necessárias e adequadas ao tipo de concessão, concretamente.

Dentre as obrigações principais está a de não fazer uso diverso dos bens afetados à prestação do serviço (caso houver) ou então não destinar os recursos próprios da prestação do serviço a um fim distinto.

Quando o objeto da concessão apresentar a figura do usuário do serviço público ou o consumidor do bem, o concessionário terá a obrigação de respeitar as tarifas, taxas ou preços estabelecidos pela autoridade administrativa com relação ao título da concessão.

O catálogo dos direitos e obrigações que poderia ser elaborado é tão amplo quanto as possibilidades de concessão de um serviço, o que se tornaria um exercício interminável de possibilidades, e, mesmo assim, provavelmente não seria suficiente, uma vez que isso só depende das condições específicas de cada concessão, atendendo as condições materiais e pessoais de cada caso.

Eventualmente, uma concessão pode ser transferida a outro particular, sempre e quando este último cumprir cabalmente as exigências estabelecidas na concessão para o primeiro e, cabe destacar, por outro lado, que o novo concessionário (caso seja autorizada a transferência), terá os mesmos direitos e obrigações que o titular original da concessão.

O descumprimento das obrigações estabelecidas pela lei, bem como no título de concessão, implica evidentemente em sanções de caráter administrativo e até, em alguns casos, o enquadramento em delitos, claramente com total independência entre infração e delito, por serem âmbitos jurídicos completamente separados.

De outro modo, quanto ao prazo, não se pode afirmar que exista uma regra genérica para determinar o prazo ou a duração de uma concessão, mas este deverá atender o serviço público e as suas condições específicas. Dependendo da legislação especial sobre a matéria, as concessões podem ter prazos muito variados, podendo ser prorrogados nos mesmos termos, sempre e quando as condições da concessão não tenham sofrido alteração. Isto quer dizer que a concessão, em princípio, constitui um *direito adquirido,* e sempre e quando não forem violadas as condições sob as quais foi obtida a concessão e a autoridade administrativa não determinar sua rescisão, em função da oportunidade, não há razão jurídica para negar validamente a renovação da concessão.

A respeito deste ponto, nossa Suprema Corte decidiu conforme a seguir transcrevemos:

> *RADIODIFUSÃO. O ARTIGO 16 DA LEI FEDERAL DE RÁDIO E TELEVISÃO, RELATIVO À RATIFICAÇÃO DA CONCESSÃO, COM PREFERÊNCIA DE SEU TITULAR SOBRE TERCEIROS, É CONSTITUCIONAL.– A Constituição Política dos Estados Unidos Mexicanos não estabelece que ao término de uma concessão deva ser destituído seu titular, pelo que não proíbe a figura da ratificação, que pode produzir benefícios importantes porquanto incentive o investimento e*

o desenvolvimento tecnológico, além de propiciar a permanência das fontes de trabalho, mantendo um número importante de trabalhadores e a estabilidade dos empregos. Assim, o artigo 16 da Lei Federal de Rádio e Televisão, no que se refere à ratificação da concessão, com preferência de seu titular sobre terceiros, não é inconstitucional. Todavia, para que a citada ratificação e preferência se ajustem à Constituição Federal, requer-se que aquele concorra novamente, em igualdade de circunstâncias, com outros interessados. Somente dessa forma fica assegurado o respeito aos princípios de igualdade, regência do Estado, planejamento para imprimir dinamismo e crescimento da economia, domínio direto da nação sobre certos bens relevantes, dentre eles, o espaço situado sobre o território nacional e as vias gerais de comunicação, proibição de monopólios e concentrações contrárias ao interesse público, utilização social dos bens e administração eficiente, eficaz e honesta dos recursos do Estado, contidos nos artigos 1º, 25, 26, 27, 28 e 134 da Constituição. Em outras palavras, a preferência pelo concessionário para os fins de ratificação, significa somente que será preferido se houver equilíbrio total ou igualdade absoluta entre vários interessados quanto a sua idoneidade e ao cumprimento dos requisitos exigidos, o qual, em se tratando de poderes regulados, terá que estar devidamente fundamentado e justificado.[97]

---

[97] Tese Isolada P.XXX/2007 emitida pelo Plenário da Suprema Corte de Justiça da Nação. Ação de Inconstitucionalidade

AS RELAÇÕES JURÍDICO-ADMINISTRATIVAS...

Finalmente, uma concessão pode ser extinta por diversas razões que nos limitamos apenas a enunciar: a) falta de objeto ou matéria, b) rescisão, c) revogação, d) caducidade, e) resgate, f) renúncia do concessionário e, g) morte ou falência.

7.2 A RELAÇÃO JURÍDICO-ADMINISTRATIVA PRESTACIONAL: OS USUÁRIOS DO SERVIÇO PÚBLICO

Como mencionamos precedentemente, além das relações jurídico-administrativas que surgem em decorrência de uma concessão, sem dúvidas, a relação jurídico-administrativa mais importante (para nosso tema) é a que se gera entre o prestador do serviço público e o usuário, tema ao qual nos dedicaremos a seguir.

7.2.1 O usuário

Já expressamos que o usuário tem direito a receber um serviço público sempre e quando cumpra

---

26/2006. Senadores integrantes da Quinquagésima Nona Legislatura do Congresso da União. 7 de junho de 2007. Maioria de seis votos. Ausente: José de Jesús Gudiño Pelayo. Dissidentes: Genaro David Góngora Pimentel, Olga Sánchez Cordero de García Villegas e Juan N. Silva Meza. Impedido: José Ramón Cossío Díaz. Ponente: Sergio Salvador Aguirre Anguiano. Secretárias: Andrea Zambrana Castañeda, Lourdes Ferrer Mac-Gregor Poisot e María Estela Ferrer Mac-Gregor Poisot.

com as condições que impõe a lei para tanto; nesse caso, constatamos que para que um indivíduo possa ingressar no ensino médio, deverá provar que concluiu satisfatoriamente o ensino fundamental; isso implica, em princípio, aceitação do particular que recebe o serviço, e por outro lado, o deferimento da solicitação do particular por parte da Administração, que teoricamente vem precedido da verificação por parte da autoridade administrativa de que o sujeito preenche os requisitos necessários para ser beneficiário do serviço.

Jorge Fernández Ruiz,[98] a fim de esclarecer esta parte da relação jurídica de prestação, considera indispensável distinguir três tipos de usuários: a) usuário potencial, b) aspirante a usuário, e c) usuário efetivo.

A respeito do primeiro, o citado autor nos diz que:

> (...) as pessoas físicas, e em muitos casos também as pessoas jurídicas, são usuárias potenciais do serviço público, por força de seu caráter de generalidade que impede toda discriminação, desde que preenchidos os respectivos requisitos legais.[99]

---

[98] FERNÁNDEZ RUIZ, Jorge. *Derecho Administrativo:* Servicios Públicos. México: Porrúa, 1995, pp. 301-304.

[99] FERNÁNDEZ RUIZ, Jorge. *Derecho Administrativo:* Servicios Públicos. México: Porrúa, 1995, p. 301.

Em tais condições, todos nós indivíduos somos *usuários potenciais*, ainda que não estejamos utilizando o serviço, ou sua utilização estiver condicionada por um requisito legal como, por exemplo, o serviço de correios, que temos direito a usufruir, porém mediante o pagamento da tarifa ou franquia, se desejarmos enviar uma carta a outra pessoa.

Quanto aos *aspirantes a usuários*, são aqueles sujeitos que realizam ou cumprem parte dos atos preliminares e tendentes ao uso do respectivo serviço público, e nas palavras de Miguel S. Marienhoff: *"(...) nesta hipótese estariam envolvidos todos os pressupostos anteriores à prestação efetiva de um serviço* público".[100] Em tais condições, podemos presumir que os aspirantes a usuários, na grande maioria dos casos, deverão se tornar usuários efetivos.

Finalmente, o *usuário efetivo* é aquele que recebe o serviço público, seja de forma voluntária ou compulsória, e que evidentemente comprovou haver cumprido com os requisitos prévios (ou seja, de um aspirante a usuário passou a ser um usuário efetivo) podendo, inclusive, configurar-se mesmo que não seja exigido nenhum requisito prévio para o recebimento do serviço.

---

[100] Citado por FERNÁNDEZ RUIZ, Jorge. *Derecho Administrativo:* Servicios Públicos. México: Porrúa, 1995, p. 302.

7.2.2 Direitos e obrigações do usuário

Em primeiro lugar, o usuário tem direito a receber o serviço (sem importar a forma de prestação) nos termos dispostos pela legislação aplicável, obviamente de acordo com os princípios orientadores, mas, especialmente, em estrita obediência ao princípio da legalidade e da não violação das garantias constitucionais em seu favor.

Em caso de descumprimento, a própria legislação administrativa prevê uma série de instrumentos a seu alcance para tornar exigível o cumprimento por parte do Estado ou do concessionário. Em tais condições, consideramos muito adequada, para ilustrar a matéria, a decisão adotada na IV Conferência Nacional de Advogados de Tucumán, Argentina, em 1936, a qual dispôs o seguinte:

> Os usuários com direito a um serviço público poderão promover ações ou recursos judiciais, contencioso administrativos ou administrativos relativos: 1º, à obrigação de prestar o serviço nas condições estabelecidas pela administração pública; 2º, à continuidade; 3º, ao preço por ela estabelecido, invocando as disposições contratuais da concessão ou legais em vigor, além das cláusulas do contrato de fornecimento.[101]

---

[101] FERNÁNDEZ RUIZ, Jorge. *Derecho Administrativo:* Servicios Públicos. México: Porrúa, 1995, p. 316.

De outra forma, além das obrigações impostas aos usuários dos serviços públicos, como o pagamento da tarifa ou direito correspondente ao recebimento do serviço, por regra geral, não é imposta ao usuário nenhuma obrigação em particular, além das que já tem pelo fato de ser governado.

Todavia, existem certos tipos de serviços, como no caso da Educação, que podem adicionalmente conter certas medidas disciplinares a fim de evitar que seja perturbado o uso do serviço por parte dos diversos usuários.

Finalmente, em outros casos como o de fornecimento de energia elétrica, existe uma série de obrigações a serem cumpridas pelos usuários, decorrentes do próprio contrato celebrado com a entidade prestadora.

7.2.3 Natureza jurídica da relação de prestacional

Atualmente existem três teorias que explicam a natureza jurídica da relação de prestação dos serviços públicos, as quais exporemos a seguir:

7.2.3.1 *Teoria contratual*

Esta teoria vigorou durante o século XIX e princípios do século XX, e consiste no reconhecimento de que o usuário e o prestador do serviço celebram um acordo de vontades (contrato), no qual estabelecem as condições da prestação e recebimento dos serviços, como se fosse um ato de Direito Privado; entretanto, as condições para celebração do citado contrato de prestação são fixadas aplicando a legislação pertinente, ou conforme a vontade imposta pelo prestador, em virtude de se tratar (por regra geral) de um ente público. Todavia, esta teoria foi amplamente criticada, razão pela qual seus defensores tentaram modificá-la, desenvolvendo, assim, as figuras do contrato de adesão e o contrato normatizado.

O contrato de adesão, que foi introduzido pelo jurista francês Saleilles, consiste no ato bilateral cujos principais elementos são os seguintes:

> (...) a oferta é feita à coletividade; o acordo é obra exclusiva de uma das partes; a regulamentação do contrato é complexa; a situação de quem se oferece é preponderante; a oferta não pode ser discutida... há predomínio exclusivo de uma só vontade que se manifesta como vontade unilateral; oferece-se ao público um contrato já formado, cujas cláusulas geralmente já vêm impressas.[102]

---

[102] VALADES, Diego. (Org.). *Enciclopedia Jurídica Mexicana*. Tomo III. México: Porrúa, 2002, p. 563.

Inclusive a Lei Federal de Proteção ao Consumidor, visando a proteger os direitos dos consumidores, estabeleceu os parâmetros para regular esta figura jurídica, pelo que citamos seu artigo 85:

> Artigo 85. Para os efeitos desta Lei, entende-se por contrato de adesão o documento elaborado unilateralmente pelo fornecedor, para estabelecer em formatos uniformes os termos e condições aplicáveis à aquisição de um produto ou à prestação de um serviço, ainda que o citado documento contenha todas as cláusulas normais de um contrato. Todo contrato de adesão celebrado no território nacional, para ter validade, deverá estar redigido em idioma espanhol e seus caracteres terão que ser legíveis a simples vista.

Contudo, não devemos perder de vista que o contrato de adesão previsto na citada lei refere-se à prestação de serviços privados que pouco ou nada têm a ver com o tema que ora estamos tratando.

Em contrapartida, os contratos normatizados, segundo define José Castán Tobeñas:

> (...) são aqueles em que as partes só podem estabelecer seus acordos e condições dentro de certos limites fixados pelo poder público,

dada a função social da matéria sobre a qual versam, como, por exemplo, a relativa ao serviço público, hipótese em que se reduz substancialmente o âmbito consensual do prestador e o usuário, por estarem pré-determinadas na lei suas condições, coberturas, abrangência e tarifas.[103]

Os detratores desta figura alegam que nem sequer deveria ser considerado contrato, uma vez que não intervém a vontade da autoridade, pois se trata de uma obrigação que lhe é imposta, caso o particular solicitante cumpra com os requisitos da lei para ser usuário do serviço e, por sua vez, o particular participe apenas com a simples aceitação dos termos, sem atingir realmente esse acordo de vontades.

7.2.3.2 Teoria regulamentar

Esta teoria sustenta que o particular que estiver nas condições estabelecidas pela lei relativa a um serviço público tem o direito de se beneficiar da prestação; assim, o particular, a partir do momento que manifesta seu desejo de receber o serviço (nos termos da respectiva lei), tem direito à prestação, sem

---

[103] Citado por FERNÁNDEZ RUIZ, Jorge. *Derecho Administrativo: Servicios Públicos*. México: Porrúa 1995, p. 307.

necessidade de nenhum contrato. Autores como Marcello Caetano afirmam que ao instituir um serviço mediante uma lei ou regulamento, bem como as condições para sua prestação, configura-se ato unilateral da administração pública.

O problema desta teoria é que somente pode ser aplicada aos denominados serviços públicos próprios, uma vez que são os únicos aos que a norma atribui o caráter de serviço público e, além disso, certas disposições legais obrigam tanto o prestador quanto o particular à celebração do contrato.

7.2.3.3 Teoria mista

A teoria mista, defendida por autores como o espanhol Fernando Garrido Falla, admite que a relação de prestação de serviços será, em algum momento, contratual, e em outro, um ato regrado, destacando inclusive que esta afirmação não se contrapõe à possibilidade de que existam relações puras, ou seja, serviços considerados estritamente regulamentados, ou também serviços públicos que sejam prestados como consequência da celebração de um contrato.

7.2.3.4 Comentários finais

Coincidimos com Jorge Fernández Ruiz quando expressa que a primeira das teorias deve ser evidentemente negada, pois, entre outras, não há igualdade entre as partes que permita considerar a existência de um verdadeiro contrato.

Por outro lado, o contrato de adesão é uma figura de Direito Privado, que não obstante fiscalizado sob certas condições pela Administração Pública, pouco tem a ver com a prestação dos serviços públicos.

Finalmente, tal como já foi mencionado nos parágrafos anteriores, em alguns casos estaremos diante de uma prestação totalmente regrada, ou seja, que não requer nenhum tipo de documento, necessitando somente que o governado se coloque na posição de usuário a fim de ter direito a receber o serviço; e em outros casos estaremos frente a uma prestação que mesmo regulada por uma norma, requer certas formalidades equiparáveis aos contratos, mas que nunca deverá ser considerada, propriamente, por esse mesmo motivo, um contrato.

7.2.4 Preços, taxas, tarifas e direitos

Ainda que já tenhamos comentado sobre esta matéria ao analisar o princípio da gratuidade que rege a prestação dos serviços públicos, consideramos prudente abordar o tema da forma que segue.

É oportuno lembrar que os serviços públicos, com relação a seu custo, podem ser classificados em

gratuitos e onerosos. Neste sentido, assinala Jorge
Fernández Ruiz:

> (...) Como se recordará, são serviços gratuitos todos os atendidos com recursos fiscais, como os chamados *uti universi* – trânsito e iluminação pública, dentre outros –, e alguns dos denominados *uti singuli*, como o serviço público de educação fundamental, por exemplo.[104]

Por outro lado, ao afirmar que um serviço público é oneroso, queremos dizer que o usuário deverá pagar ao prestador uma determinada quantia como contraprestação.

7.2.4.1 O preço e a taxa

A propósito do preço, expressa Jorge Bogo:

> Os serviços públicos, por sua própria natureza ou por seu caráter legal (...). Constituem também a infraestrutura básica que serve como plataforma para as atividades produtivas. Por esse motivo, é crucial para uma economia projetar um sistema que permita

---

[104] FERNÁNDEZ RUIZ Jorge. *Derecho Administrativo:* Servicios Públicos. México: Porrúa,1995, p. 283.

que os preços regulados reflitam da forma mais aproximada possível à realidade do mercado, como se este fosse competitivo, observando as variações de custos e preços bem como os fenômenos de mais longo prazo decorrentes das alterações nos padrões de consumo e a inovação tecnológica.[105]

Assim, ao fixar os preços, taxas e tarifas, deve-se ter especial cuidado ao realizar esta tarefa, considerando os impactos que possa gerar na economia dos consumidores ou usuários do serviço, para não incorrer em conduta que beire o confiscatório, pois não devemos perder de vista que os serviços públicos estão destinados à satisfação de necessidades de caráter coletivo, especialmente quando o Estado os presta de forma direta. Da mesma forma, quando se verifica a prestação indireta, o Estado deverá realizar controle de preços, para que a contraprestação pecuniária não fique defasada em respeito ao serviço recebido.

Assim, o preço é a importância líquida fixada como contraprestação pelo recebimento de um serviço. Sabemos que a determinação do preço pode

---

[105] BOGO, Jorge. "La estabilidad del cuadro tarifario como condición para el crecimiento sustentable" *In: Servicios Públicos. Regulación:* 1er Congreso Nacional. Mendonza: Edições Diké-Foro de Cuyo, 2004, p. 168.

variar conforme se trate de um serviço de prestação direta ou de prestação indireta.

No primeiro dos casos, como já comentamos ao tratar sobre o princípio da gratuidade, a autoridade administrativa não deve utilizar o preço como um meio para aumentar sua riqueza, mas apenas uma quantia tendente a cobrir as despesas operacionais, de administração e de seu financiamento, e dessa forma, o prestador cumpre com as obrigações geradas pela prestação; isso não quer dizer, entretanto, que seja indevido gerar um remanescente bem utilizado.

Por outro lado, se o prestador do serviço é concessionário, é evidente que ele age no intuito de obter lucro, mas sem completa liberdade de cobrança, uma vez que estará limitado pelas disposições legais que regulam as condições de prestação dos serviços.

Um último e prudente esclarecimento relativo a este tema consiste em destacar que no sistema tributário mexicano identificamos o conceito de preço com o de quotas, segundo definido por Eduardo Casillas Ávila: (...) as quotas são os valores líquidos fixados que serão pagos por determinadas atividades que o município realiza (...).[106]

---

[106] CASILLAS ÁVILA, Eduardo. *Contenido, Estructura y Proceso de Elaboración de la Ley de Ingresos Municipal*. Guadalajara: INDETEC, 1995, p. 135.

Podemos estender perfeitamente esta definição às Entidades Federativas ou à Federação, quando se trate de serviços prestados por entes das referidas esferas.

Igualmente podemos vincular este conceito com alguma das definições que encontramos de taxa, a qual nas palavras do mestre argentino Rafael Bielsa é:

> (...) a quantia em dinheiro que recebe o Estado (Nação, província, comuna, ou entidade autárquica), em virtude e por motivo da prestação de determinado serviço ou uso público, ou de vantagem diferenciada, proporcionada por esse mesmo serviço ou uso.

Na doutrina tributária a taxa é considerada como:

> (...) um parâmetro, parte alíquota ou medida que, aplicada à base, implica no tributo a pagar.[107]

Nestas condições, não podemos afirmar que consiste em uma quantia líquida, tratando-se geralmente de uma percentagem que se aplica sobre uma

---

[107] CARRASCO IRIARTE, Hugo. *Derecho Fiscal I:* Introducción y Generalidades. Colección de Derecho Fiscal. 4ª Ed. México: IURE Editores, 2004, p. 199.

base imponível (fato gerador do tributo) a fim de calcular o valor a pagar.

Assim, consideramos impróprio o uso da expressão tarifa como uma contraprestação direta pelo recebimento do serviço público, podendo, no entanto, constituir um elemento para o cálculo do pagamento.

7.2.4.2 *Tarifa*

Hugo Carrasco Iriarte define a tarifa como:

> *(...) lista de unidades e respectivas quotas para um determinado objeto tributário ou para um número de objetos que pertencem à mesma categoria.*[108]

Dessa forma, podemos dizer que as tarifas constituem o catálogo das contribuições que devem ser pagas (no caso em estudo) como contraprestação por um serviço público.

As tarifas são fixadas unilateralmente pela Administração Pública, em especial pela administração centralizada, conforme se desprende da Lei Orgânica

---

[108] CARRASCO IRIARTE, Hugo. *Glosario Jurídico Tributario*. Colección glosarios jurídicos temáticos en materia fiscal. Tomo I. México: IURE Editores, 2005, p. 274.

da Administração Pública Federal, de competência das diversas Secretarias de Estado.

Todavia, na Quarta Convenção Nacional de Advogados, celebrada em Tucumán, Argentina, em 1936, com relação às tarifas, não obstante referida à prestação indireta dos serviços com abrangência também sobre a prestação direta, foi definido o seguinte:

a) Deve ser alterada de acordo com as necessidades econômicas, políticas e sociais.

b) É inalienável o poder da autoridade pública para adaptar as tarifas às necessidades dos serviços públicos.

c) A intervenção dos concessionários na preparação ou alteração das tarifas não deve ser considerada uma participação no ato jurídico da tarifa, na qualidade de coautor.

d) A lei deve dispor o procedimento para estabelecer tarifas e determinar qual a autoridade competente para sua homologação.

e) A Administração Pública tem o poder de reduzir de ofício as tarifas sem o consentimento e ainda contra a vontade do concessionário sobre as bases da concessão.

7.2.4.3 Direitos

Como já expressamos ao analisar o princípio da gratuidade, este não é desvirtuado pela cobrança de prestação pecuniária por parte da autoridade administrativa como contraprestação por um serviço público. Assim, o artigo 2º do Código Fiscal da Federação estabelece em seu inciso IV o que segue:

> Artigo 2º As contribuições classificam-se em impostos, contribuições da seguridade social, contribuições de melhorias e direitos, definidos da seguinte maneira:
>
> I
>
> (...)
>
> IV – Direitos são as contribuições estabelecidas na Lei pelo uso ou aproveitamento dos bens de domínio público da Nação, bem como por receber serviços prestados pelo Estado em suas funções de Direito Público, salvo quando forem prestados por organismos descentralizados ou órgãos desconcentrados quando neste último caso se trate de contraprestações que não constam previstas na Lei Federal de Direitos. Também são direitos as contribuições a cargo dos organismos públicos descentralizados por prestar serviços exclusivos do Estado.

Portanto, o pagamento efetuado pelo usuário à Administração Pública pelo serviço público recebido denomina-se direito, o qual é fixado unilateralmente pela Administração Pública, podendo ser estabelecido mediante uma taxa fixa (quota), ou mediante uma tarifa (para melhor entender, parte-se de uma base, que poderia ser uma medida de consumo, como no fornecimento de energia elétrica, sobre a qual se aplica uma taxa ou alíquota, a fim de determinar a contraprestação gerada).

referências bibliográficas

ACOSTA ROMERO, Miguel. *Teoría General del Derecho Administrativo:* Primer Curso. 14ª Ed. México: Porrúa, 1999.

BALBÍN, Carlos F. *Curso de Derecho Administrativo.* Tomo I. Buenos Aires: La Ley, 2008.

BÉJAR RIVERA, Luis José (Coord.). *Derecho Administrativo:* Perspectivas contemporáneas. México: Porrúa, 2010.

BÉJAR RIVERA, Luis José. "La finalidad del acto administrativo". *Rap*, Buenos Aires, 2010.

BLANQUER, David. *Curso de Derecho Administrativo I:* Los sujetos y la actividad. Valencia: Tirant Lo Blanch, 2006.

BLANQUER, David. *Curso de Derecho Administrativo III:* El fundamento y el control. Teoría y práctica. Valencia: Tirant Lo Blanch, 2006.

BURGOA, Ignacio. *Las garantías individuales.* 20ª Ed. México: Porrúa, 1986.

CARRASCO IRIARTE, Hugo. *Derecho Fiscal I:* Introducción y Generalidades. Colección de Derecho Fiscal. 4ª Ed. México: IURE Editores, 2004.

CASILLAS ÁVILA, Eduardo. *Contenido, Estructura y Proceso de Elaboración de la Ley de Ingresos Municipal*. Guadalajara: INDETEC, 1995.

CASSESE, Sabino. *Las bases del Derecho Administrativo*. Traduzido por Luis Ortega. Madrid: Instituto Nacional de Administración Pública, 1994.

CASTRO ESTRADA, Álvaro. *Nueva garantía constitucional:* La responsabilidad patrimonial del Estado México: Porrúa, 2005.

CUADROS, Oscar Álvaro. *Responsabilidad del Estado:* Fundamentos. Aplicaciones. Evolución jurisprudencial. Buenos Aires: Abeledo Perrot, 2008.

DELGADILLO Gutiérrez, Luis Humberto. *Elementos de Derecho Administrativo:* Primer Curso 2ª Ed. México: Limusa, 2003.

DELPIAZZO, Carlos E. *Derecho Administrativo Uruguayo*. México: Porrúa, 2005.

DURAND, Julio C. et. al. "Servicios Públicos". *1er Congreso Nacional*. Mendoza: Ed. Dike-Foro de Cuyo, 2004.

ENTRENA CUESTA, Rafael. "El principio de igualdad ante la Ley y su aplicación en el Derecho Administrativo". *In: RAP*, Madrid, n. 37, Centro de Estudios Políticos y Constitucionales, 1962.

REFERÊNCIAS BIBLIOGRÁFICAS

FERNÁNDEZ DE BUJÁN, Antonio. *Derecho público romano y recepción del derecho romano en Europa*. 4ª Ed. Madrid: Civitas, 1999.

FERNÁNDEZ RUIZ, Jorge (Coord.). *El derecho en México: dos siglos*. Tomo III. Derecho Administrativo. México: Porrúa, 2010.

FERNÁNDEZ RUIZ, Jorge (Coord.). *Régimen Jurídico Municipal en México*. México: Porrúa, 2003.

FERNÁNDEZ RUIZ, Jorge. *Derecho Administrativo: Servicios Públicos*. México: Porrúa, 1995.

FERNÁNDEZ RUIZ, Jorge. *Seguridad pública municipal*. Querétaro: Fundap, 2003.

GARCÍA DE ENTERRÍA, Eduardo; FERNÁNDEZ, Tomás-Ramón. *Curso de Derecho Administrativo*. Tomo II. 7ª Ed. Madrid: Civitas, 2000.

GARRIDO FALLA, Fernando. *Tratado de derecho administrativo*. Volumen II. 11ª Ed. Madrid: Tecnos, 2002.

GONZÁLEZ PÉREZ, Jesús. *El principio general de la Buena Fe en el Derecho Administrativo*. 4ª Ed. Madrid: Thomson Civitas, 2004.

GUTIÉRREZ COLANTUONO, Pablo Ángel. *Administración Pública, Juridicidad y Derechos Humanos*. Buenos Aires: Abeledo-Perrot, 2009.

HARIOU, Maurice. *Derecho administrativo y derecho público*. México: Editorial Jurídica Universitaria, 2007.

JÈZE, Gaston. *Servicios públicos y contratos administrativos*. México: Editorial Jurídica Universitaria, 2007.

LINARES, Juan Francisco. *Derecho Administrativo*. Buenos Aires: Astrea, 2000.

MARIENHOFF, Miguel S. *Tratado de Derecho Administrativo*. Tomo II, 4ª Ed. Buenos Aires: Abeledo-Perrot, 2003.

MATILLA CORREA, Andry. *Introducción al régimen jurídico de las concesiones administrativas en Cuba*. La Habana: Centro de Estudios de Administración Pública, Universidad de La Habana, 2009.

MAURIN, André. *Derecho Administrativo francés*. México: Porrúa, 2004.

MEILÁN GIL, José Luis. *Progreso tecnológico y servicios públicos*. Madrid: Thomson Civitas, 2006.

NAVA NEGRETE, Alfonso. *Derecho Administrativo Mexicano*. 2ª Ed. México: Fondo de Cultura Económica, 2001.

PARADA, Ramón. *Derecho Administrativo I:* Parte General. 13ª Ed. Madrid, Marcial Pons, 2002.

PORRÚA PÉREZ, Francisco. *Teoría del Estado:* Teoría Política. 37ª Ed. México: Porrúa.

RODRÍGUEZ RODRÍGUEZ, Libardo. *Derecho administrativo colombiano*. México: Porrúa, 2004.

RODRÍGUEZ-ARANA MUÑOZ, Jaime. *El Buen Gobierno y la Buena Administración de Instituciones Pública*.

REFERÊNCIAS BIBLIOGRÁFICAS

Adaptado a la Ley 5/2006 de 10 de abril. Navarra: Thomson Aranzadi, 2006.

RODRÍGUEZ-ARANA MUÑOZ, Jaime. *Reforma administrativa y políticas públicas*. Salamanca: Diputación Provincial de Lugo, 2007.

SANTAMARÍA PASTOR, Juan Alfonso. *Principios de Derecho Administrativo*. Volumen II. 3ª Ed. Madrid: Ceura, 2002.

SARMIENTO GARCÍA, Jorge H., *Concesión de Servicios Públicos*. Buenos Aires, Ciudad Argentina, 1999.

SARMIENTO GARCÍA, Jorge. *Los Principios en el Derecho Administrativo*. Mendoza: Ediciones Diké Foro de Cuyo, 2000.

SERRA ROJAS, Andrés. *Derecho Administrativo:* Primer Curso. 28ª Ed. México: Porrúa, 2009.

VALADES, Diego (org.). *Enciclopedia Jurídica Mexicana*. Tomo III. México: Porrúa, 2002.

VIGO, Rodolfo Luis. *De la Ley al Derecho*. 2ª Ed. México: Porrúa, 2005.

NOTAS

NOTAS

NOTAS

NOTAS

A Editora Contracorrente se preocupa com todos
os detalhes de suas obras! Aos curiosos, informamos
que esse livro foi impresso pela Gráfica R.R. Donnelley
em papel Polén Soft em Outubro de 2016.